Rüdiger Kelkel

Leitfaden zur Einführung einer automatisierten Softwareverteilung

Examicus - Verlag für akademische Texte

Der Examicus Verlag mit Sitz in München hat sich auf die Veröffentlichung akademischer Texte spezialisiert.

Die Verlagswebseite www.examicus.de ist für Studenten, Hochschullehrer und andere Akademiker die ideale Plattform, ihre Fachtexte, Studienarbeiten, Abschlussarbeiten oder Dissertationen einem breiten Publikum zu präsentieren.

Rüdiger Kelkel

Leitfaden zur Einführung einer automatisierten Softwareverteilung

Examicus Verlag

Bibliografische Information der Deutschen Nationalbibliothek: Die Deutsche Bibliothek
verzeichnet diese Publikation in der Deutschen Nationalbibliografie; detaillierte bibliografische Daten sind im Internet über http://dnb.d-nb.de/ abrufbar.

1. Auflage 2004
Copyright © 2004 GRIN Verlag GmbH
http://www.examicus.de
Druck und Bindung: Books on Demand GmbH, Norderstedt Germany
ISBN 978-3-86746-607-3

Diplomarbeit

AKAD Fachhochschule Stuttgart

- Wirtschaftsinformatik -

Leitfaden zur Einführung einer automatisierten Softwareverteilung

Diplomarbeit, vorgelegt zur Erlangung des Zeugnisses über die Diplomprüfung im Studiengang Wirtschaftsinformatik der AKAD-Fachhochschule Stuttgart

Verfasser:
Rüdiger Kelkel

Bühl, den 01.10.2004

Inhaltsverzeichnis

I. Abkürzungsverzeichnis

CAD	Computer Aided Design - Computerunterstütze Konstruktion
CPU	Central Processing Unit - Zentraleinheit
DFÜ	Datenfernübertragung
DHCP	Dynamic Host Configuration Protocol - Dienst zur automatischen Zuweisung von IP-Adressen
DVD	Digital Vrsatile Disc - "vielseitige digitale Scheibe", Medium vergleichbar mit einer CDROM aber mindestens 4,7GB Speicherkapazität
EDV	elektronische Datenverarbeitung
GUI	Graphical User Interface - Grafische Benutzerschnittstelle bzw. -oberfläche
IP	Internet Protokol - Internetprotokoll
IT	Informationstechnologie
LAN	Local Area Network - lokales Netzwerk [1]
MSI	Microsoft Installer
MVS	Multiple Virtual Storage - Großrechner-Betriebssystem von IBM®
NT	New Technology Kernel [*]
RPM	Red Hat® Package Manager - Installationspakete für Linux
SV	Softwareverteilung
TCP	Transmission Control Protokol - Übertragungskontrollprotokoll
TCP/IP	Transmission Control Protokol/Internet Protokol (siehe TCP und IP)
USB	Universal Serial Bus - Universeller serieller Bus, eine von Intel® entwickelte Harwareschnittstelle
WAN	Wide Area Network - Weitverkehrsnetz [2]

---

[1] siehe [Rie01] S. 106

[*] Windows Systeme mit 32-Bit Kern

[2] siehe [Rie01] S. 106

II. Tabellenverzeichnis

III. Abbildungsverzeichnis

1 Einleitung und Motivation

Unternehmen, deren EDV-Landschaft sich ausweitet und die mehr und mehr die Computertechnologie nutzen, stehen irgendwann vor der Aufgabe, diese Computersysteme effizient d.h. mit geringem manuellen Aufwand verwalten zu können. Hierzu haben sich am Markt einige Standardlösungen etabliert; man spricht von Systems Management Software. Hierzu hört auch die Verteilung von Software.

Denn das von Hand Bespielen und Updaten von Computern stellt sich als eine zeit- und somit kostenaufwendige Aufgabe dar; viele Rechner müssen quasi mit denselben Softwarekomponenten versorgt werden, also eine sich mehrmals in gleicher Weise wiederholende Tätigkeit. Hinzu kommt, dass oftmals die Geräte über mehrere Standorte verteilt sind; der Standortwechsel des EDV-Personals stellt dann einen weiteren Zeit- und Kostenfaktor dar.

Wenn eine gewisse Anzahl von Computern im Unternehmen eingesetzt wird, entsteht somit die Notwendigkeit, diese automatisiert mit Software zu versorgen. Sowohl die Erstversorgung mit dem Betriebssystem, mit Systemsoftware und Anwendungen als auch das spätere Aktualisieren der Software durch Fixe (Fehlerkorrekturen) und Updates soll automatisiert erfolgen, ohne großen manuellen Aufwand des EDV-Personals.

Auch soll im Falle eines Ausfalls eines Computersystems schnell und ohne allzu großen Aufwand ein Ersatzrechner bespielt werden können, der bestenfalls über die gleiche Betriebssystem-Installation und identische Anwendungsprogramme verfügt.

Die Infrastruktur einer automatischen Softwareverteilung (kurz SV) spiegelt sich in einem verteilten System wider; es arbeiten Komponenten zusammen, die sich auf vernetzten Computern befinden und kommunizieren. [3] Diese werden in dieser Arbeit genannt und beschrieben.

Ziel der vorliegenden Arbeit ist es, allgemein aufzuzeigen, welche Systemkomponenten grundsätzlich notwendig oder optional sind, um eine automatische Softwareverteilung zu realisieren. Es werden Ansätze unterschiedlicher Konzeptionen erläutert. Es wird ein

---

[3] [CouDolKin02] S. 17

Leitfaden an die Hand gegeben, der hilft, die Anforderungen an eine SV zu definieren und Standardlösungen an diesen zu messen.

Ziel ist es nicht, die am Markt verfügbaren Standardprodukte zu untersuchen, gegeneinander abzuwägen oder in einem Unternehmen einzuführen. Dennoch ist eine Betrachtung einzelner Teilaspekte mitunter hilfreich, die Funktionen und Konzepte der automatisierten SV besser zu verstehen.

Aufgrund des sehr hohen Marktanteils an Computern mit Microsoft Windows Betriebssystemen wird stellenweise auf Eigenheiten und Besonderheiten in diesem Umfeld detaillierter hingewiesen. Dennoch gilt das hier konzeptionell Erarbeitete auch für andere Umfelder.

2 Wirtschaftlichkeit

Hauptziel beim Einsatz von Systems Management Software ist es, EDV-Systeme von zentraler Stelle aus effizient verwalten und gleichzeitig die Betriebskosten für Änderungs- und Konfigurations-Management zu senken.

Es gilt, die Kosten für das Systems Management durch eine entsprechende Lösung zu minimieren, die optimal in die jeweilige Umgebung passt.

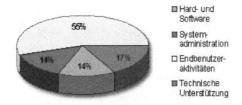

Abbildung 1: Aufteilung der Kosten eines PCs, Quelle Gartner Group [4]

Da eine automatisierte Softwareverteilung als Teil einer Systems Management Lösung implementiert wird, gilt das Gesagte in vollem Umfang auch für diese.

Gegenüberzustellen sind die Kosten, wenn Software manuell installiert wird und die Kosten, wenn man die Software automatisiert verteilt. [5]

Softwareverteilungen lassen sich unterschiedlich stark automatisieren. Eine Minimallösung könnte beispielsweise darin bestehen, über ein Netzwerk eine Datensicherung zurückzuspielen und diese dann nachzukonfigurieren, indem man z.b. den Computernamen, die IP-Adresse und ähnliches anpasst. Die Maximallösung hingegen ist in der Lage, Rechner komplett zu bespielen und zu konfigurieren. Denkbar ist sogar, dass mittels einer EDV-Anwendung eine Bespielung komplett vorbereitet wird, Parameter wie die IP-Adresse, notwendige Hardware-Treiber etc. werden EDV-unterstützt ermittelt und in Verteilpläne eingebaut, mit dem Ergebnis, dass nach der Verteilung ein voll konfigurierter Rechner zur Verfügung steht, mit dem sofort gearbeitet werden kann.

Eine Softwareverteilung ist tendenziell natürlich umso kostenintensiver, je leistungsfähiger sie ist. Plant ein Unternehmen also eine SV, so ist zu berücksichtigen, was automatisiert

---

[4] [INNEO]

[5] [NetInstall57] S. 4

werden soll und was noch manuell getan wird. Je mehr und je öfter Computer zu verteilen sind, umso eher lohnt es sich, stärker in die Automatisierung zu investieren.

2.1 Kosten bei manueller Installation

Grundsätzlich lassen sich Kosten in Personal, Technologie- und Prozesskosten aufteilen. Personalkosten sind in der Vergangenheit gestiegen und werden dies vermutlich auch weiterhin tun. Technologie hingegen wird, wenn man gleiche Kapazität und keinen Technologiewechsel unterstellt, günstiger. Prozesskosten sind stark individuell, lassen sich aber durch Automation senken. [6]

Bei einer manuellen Installation fallen „nur" die Kosten für die Erstinstallation und Installation von Updates an. Diese bestehen nicht lediglich aus reinen Personalkosten, sondern auch Reisekosten etc. müssen ggf. mitberücksichtigt werden. Diese Kosten sind nahezu proportional zur Anzahl der Systeme; Einsparungen aufgrund einer großen Anzahl von Installationen sind sehr gering.

2.2 Kosten bei Einsatz einer Softwareverteilung

Die Anzahl der Kostenpunkte ist hier deutlich größer; im Wesentlichen sind diese:

1. Beschaffungs- oder Entwicklungskosten aller notwendigen Softwarekomponenten
2. in der Regel zusätzliche Hardware
3. Schulung
4. Implementierung des Systems
5. Wartung des Systems
6. Herstellung von verteilfähigen Paketen (Softwarekomponenten)
7. Verteilung der Pakete

Bei einer größeren Anzahl von Systemen fallen die nichtproportionalen Kosten 1 - 6 zunehmend weniger ins Gewicht verglichen mit den Gesamtkosten. Die proportionalen Kosten, nämlich die Verteilung der Pakete (Punkt 7) ist sehr viel kostengünstiger als das manuelle Bespielen eines Rechners. Im Hinblick auf die Gesamtkosten ergeben sich also Skalenerträge oder Kostendegressionseffekte.

---

[6] [BITKOM04] S. 6

Unter Kostengesichtspunkten ist natürlich anzustreben, dass die oben genannten Posten möglichst gering ausfallen. Dabei ist unter anderem darauf zu achten, dass die vorhandene teuere Hardware optimal genutzt werden kann und dass die Herstellung von verteilfähigen Paketen überschaubar ist und nicht ein benutzerunfreundliches und fehleranfälliges Unterfangen wird.

Wie bei allen größeren IT-Projekten ist eine ausführliche Kosten/Nutzen-Analyse unumgänglich. Hierbei wird das Vorhaben wirtschaftlich beurteilt. Und zwar werden dabei die Auswirkungen unter Berücksichtigung relevanter Nebenwirkungen während der Zeit der Einführung vorausschauend ermittelt und dann auf den Zeitpunkt des Nutzungsbeginns bezogen in Geldgrößen bewertet. [7]

2.3 Nutzenaspekte

Beim Einsatz von Systems Management Lösungen, also auch bei einer automatisierten SV, stehen zwar Kostenaspekte im Vordergrund, aber auch die Vor- und Nachteile sind gegenüberzustellen. Die wichtigsten sollen folgend skizziert werden.

2.3.1 Vorteile

Einheitlicher Softwarestand: Werden Computersysteme automatisiert installiert, so besteht die Möglichkeit, Rechner auf einem definierten Stand zu halten. Man kann auf diese Weise vermeiden, dass ein "Wildwuchs" entsteht. Auf allen Rechnern ist beispielsweise die gleiche Version eines Softwareproduktes installiert. Ferner kann man Konfigurationen gleichhalten, was bewirkt, dass sich die Systeme ähnlich verhalten. Beides ist bei manueller Installation nur sehr schwer und mit großem organisatorischem Aufwand zu realisieren, und dies umso stärker, je mehr Mitarbeiter mit diesen Aufgaben betraut sind.

Erreichbarkeit: Mit einer SV können sehr viele Systeme, die räumlich sehr weit auseinander stehen, innerhalb einer kurzen Zeitspanne durch wenig EDV-Personal mit Software verteilt werden. Als Beispiel mag hier eine Sparkasse oder Volksbank genannt werden, welche 1000 Systeme in einem Umkreis von 50 km betreibt. Es ist leicht

---

[7] [HaNaBeBü97] S.. 490f

einzusehen, dass diese nicht von Hand installiert bzw. aktualisiert werden können.

Verbesserter interner Support: Interne Support-Anfragen entstehen oft durch defekte bzw. zerstörte Installationen oder Konfigurationen. Mit dem Einsatz einer SV ist es in der Regel möglich, schnell etwas nachzuverteilen, um den Fehler zu beseitigen. Zwar helfen Fernwartungs-Tools, mit denen man einen Rechner von der Ferne sehen und bedienen kann, beim Diagnostizieren, aber eine beschädigte Installation kann hiermit nur in seltenen Fällen oder nur mit sehr großem Aufwand korrigiert werden.

Benutzerfreundlichkeit: Für das EDV-Personal fallen deutlich weniger Routineaufgaben an. Neben den zeitlichen Aspekten ist dies auch vorteilhaft für die Motivation und Arbeitszufriedenheit der Mitarbeiter. [8]

2.3.2 Nachteile

Die Vorteile einer SV müssen dem zu betreibenden Aufwand und den Kosten gegenübergestellt werden.

Eine automatisierte SV hat, wenn sie entsprechend den Bedürfnissen eingesetzt wird, keine besonderen Nachteile. Allerdings gelten die gleichen "Probleme" wie bei jeder EDV-Lösung. Denn auch ein SV-System obliegt einem Lebenszyklus und muss gepflegt und in der Regel irgendwann abgelöst werden.

3 Anforderungskatalog einer Software-Verteilung

Dieser Abschnitt beschäftigt sich mit der Frage, was eine Implementierung für eine automatisierte SV leisten kann, soll oder muss. Einem Projektteam kann bei der Auswahl (oder Entwicklung) und Einführung eines Systems dieser Anforderungskatalog als Richtschnur dienen.

An dieser Stelle sei darauf hingewiesen, dass eine gewisse Standardisierung im Hinblick auf die eingesetzte Hard- und Software als Grundvoraussetzung für ein effizientes und kostengünstiges Systems Management angesehen werden kann.

---

[8] vgl. [RoReDo99] S. 193-203

3.1 Installation ohne Interaktion (unattended Installation)

Eine Installation via SV muss auch dann ablaufen, wenn niemand an dem Rechner angemeldet ist. Dies kann zum Beispiel dann notwendig sein, wenn der Rechner während der Installation (mehrmals) gebootet werden muss.

Auch darf es in der Regel nicht der Fall sein, dass die Installation auf Interaktionen des Benutzers wartet; alle Dialoge, die während einer herkömmlichen Installation stattfinden würden, müssen durch das EDV-Personal und die SV-Lösung automatisiert werden. Denn nur so ist sichergestellt, dass auf alle Installationsfragen die korrekten Antworten gefunden werden (z.b. wäre ein Sachbearbeiter nicht in der Lage, die Netzwerkanbindung zu konfigurieren). Dies wiederum ist eine wichtige Voraussetzung für eine korrekte und einheitliche oder bestimmten Regeln unterliegende Konfiguration der verteilten EDV-Systeme.

Damit eine SV ohne Interaktion des Benutzers durchgeführt werden kann, können die erforderlichen Informationen in einer **Antwortdatei** hinterlegt werden (Anhang B zeigt ein Beispiel einer Antwortdatei). Oder dem Installationsaufruf werden entsprechende Parameter mitgegeben (z.b. das Installationsverzeichnis).

Unattended Installation heißt also, dass die Installationsprozedur im Hintergrund abläuft, ohne dass der Benutzer aktiv werden muss oder bei seiner Arbeit eingeschränkt wird.

Unattended Installation heißt aber nicht, dass Verteilungen ohne Informationen oder Einflussnahme der Benutzer ablaufen.

Wenn eine SV zur Arbeitszeit stattfinden würde ohne den Benutzer zu informieren, könnte dies unerwünschte Effekte mit sich bringen. Es ist leicht einsehbar, dass ein Computersystem nicht einfach selbstständig booten darf. Werden mehrere Verteilschritte gestartet, so mag es notwendig sein, den Rechner zwischen einzelnen Phasen zu booten. Ist dies der Fall, ist sicherzustellen, dass der Benutzer den Reboot unterdrücken beziehungsweise verzögern kann. Oder eine Verteilung ist aus irgendwelchen sonstigen Gründen zur Startzeit nicht erwünscht (z.B. wird mit dem System gerade eine Schulung oder Präsentation gehalten); auch dann sollte eine Verzögerung durch den Benutzer möglich sein.

Wenn eine Installation nicht erfolgreich abgeschlossen werden kann, kann eine Meldung am Bildschirm ausgegeben werden. Der Benutzer weiß dann, dass der Rechner unter Umständen nicht in allen Bereichen ordnungsgemäß funktioniert. Ob eine solche Fehlermeldung angezeigt werden soll oder ob diese doch eher Verwirrung stiftet, liegt im Ermessen des EDV-Personals.

3.2 Individualisierbarkeit

Es dürfte in der Praxis nahezu unmöglich sein, mehrere Rechner genau identisch zu installieren und konfigurieren und diese dann in einem Netzwerk gemeinsam zu betreiben. Denn in aller Regel gibt es Unterschiede bei den Konfigurationswerten.

Individualisierbarkeit bedeutet also in Verbindung mit einer SV-Lösung, dass man in der Lage ist, Rechner ganz gezielt unterschiedlich zu verteilen.

3.2.1 Maschinenspezifische Parameter

Eine komfortable und für ein großes Mengengerüst ausgelegte SV-Lösung ist in der Lage, maschinenspezifische Werte in die automatische SV einfließen zu lassen.

Ziel dabei ist, nicht für jeden Rechner, der ein bestimmtes Software-Produkt erhalten soll, eine Antwort-Datei (hier sind in elektronischer Form alle für eine unattended SV benötigten Werte oder mit anderen Worten alle Antworten, die bei einer interaktiven Installation gegeben werden müssten, hinterlegt) individuell von Hand zu erstellen. Vielmehr ist zu realisieren, dass eine Antwortdatei aus allen relevanten Daten mit Hilfe einer Schablonendatei erzeugt und zur Installationszeit mitgegeben wird.

Dies bedingt, dass alle maschinenspezifischen Werte, die für eine SV benötigt werden, in einer Datenbasis vorgehalten und gepflegt werden.

Folgende Tabelle zeigt ein Beispiel maschinenspezifischer Werte; eine solche Tabelle ist für jeden verteilbaren Rechner vorzuhalten:

Variablenname	Variablenwert
$Betriebssystem-Variable-1	MusterPC
$Betriebssystem-Variable-2	Muster-Arbeitsgruppe

$Middleware-Komponente1-Variable-1	Server-XY
$Middleware-Komponente2-Variable-1	10.23.32.121
$Middleware-Komponente2-Variable-2	255.255.255.0
$Anwendung1-Variable-1	www.firma.de
$Anwendung1-Variable-2	XP
$Anwendung1-Variable-3	NONE
$Anwendung2-Variable-1	NONE

Tabelle 1: Beispiel einer Datenbasis für einen Computer zur SV

Die Namen der Variablen sollten sprechend nach Inhalt bzw. Bedeutung gewählt werden. Denn wenn man diese an Software-Komponenten knüpft, stellt sich schnell das Problem von Redundanz; ein Wert wie z.b. der Name des Computers mag von vielen verschieden Komponenten benötigt werden.

Eine Schablonendatei - nennen wir sie antwortdatei1.txt - zur Individualisierung könnte nun folgendermaßen aussehen:

```
computername = $Betriebssystem-Variable-1
workgroup = $Betriebssystem-Variable-2
```

Soll nun unser Muster-PC bespielt werden, so ermittelt die SV-Maschine aus der Datenbasis des Rechners die benötigten Belegungen, baut aus diesen Werten und der Schablonendatei eine Antwortdatei - nennen wir sie antwortdatei1.rsp - mit folgendem Inhalt

```
computername = MusterPC
workgroup = Muster-Arbeitsgruppe
```

und gibt diese mit zur Installation. Die Installationsprozedur ist in der Lage, die Antwortdatei zu lesen und zu interpretieren.

Individuelle Werte können natürlich nicht nur in Form von Antwortdateien in einer SV ihre Berücksichtigung finden, sondern können als Parameter dem Aufruf mitgegeben werden. Das obige Beispiel könnte dann folgendermaßen aussehen:

MSIEXEC.EXE /i v:\SV-Produkt-1\install.msi /l v:\LOG\SV-Produkt-1\%WORKSTATNAME%.log
computername = $Betriebssystem-Variable-1 workgroup = $Betriebssystem-Variable-2

Die grünen Werte sind Variablen. Das SV-System weiß den Namen des Gerätes und legt eine entsprechende Log-Datei an und die beiden Betriebssystem-Variablen werden aus der SV-Datenbank ermittelt und für die Verteilung eingesetzt.

Aus Gründen der Nachvollziehbarkeit empfiehlt es sich, festzuhalten, mit welchen Werten eine Verteilung stattgefunden hat. Denn die Werte mögen sich in der Datenbank ändern und es lässt sich dann nicht mehr nachvollziehen, wie eine Komponente verteilt wurde. Und dies kann später im Zuge von Support-Anfragen der Benutzer notwendig werden.

Eine solche Datenbank ist dynamisch - auch im Hinblick auf die Variablen selbst und nicht nur ihrem Inhalt. Neue Anwendungen mögen per SV installierbar werden; diese mögen für eine unattended Installation Werte benötigen, die die Datenbasis nicht bereithält. Daher ist dafür zu sorgen - technisch oder organisatorisch - dass die Datenbasis gepflegt und bei Bedarf erweitert wird.

Anmerkung:

Neben einer maschinenspezifischer ist auch eine benutzerspezifische Individualisierbarkeit realisierbar. Dies soll aber in dieser Arbeit nicht weiter vertieft werden.

3.2.2 Differenzierung in Funktionstypen

Ferner besteht die Möglichkeit, Rechner mit einer unterschiedlichen Konfiguration von Modulen aus einem Pool von verteilbaren Softwarekomponenten zu versehen. Ein Rechner in der Lagerverwaltung ist zum Beispiel mit anderen Komponenten zu bespielen als ein Rechner, der als CAD-Arbeitsplatz dient. Die folgende Tabelle soll dies veranschaulichen:

Funktionstyp	Zugehörige verteilbare Softwarekomponenten
CAD-Arbeitsplatz	• Betriebssystem 1 • Middleware-Paket 1 • Middleware-Paket 2 • CAD-Anwendung • Office-Anwendung 1 • Office-Anwendung 2 • Groupware-Anwendung • Security-Paket 1

Lager-Arbeitsplatz	<ul><li>Betriebssystem 1</li><li>Middleware-Paket 1</li><li>Middleware-Paket 3</li><li>Lager-Anwendung</li><li>Office-Anwendung 2</li><li>Security-Paket 2</li></ul>

Tabelle 2: Beispiele von SV-Funktionstypen

3.3 Protokollierung und Nachvollziehbarkeit

3.3.1 Logging

Unter Logging ist quasi das Gegenstück zu einer Antwortdatei zu verstehen. Denn genauso wenig wie ein Benutzer bei einer unattended Installation Eingaben macht, genauso wenig werden am Bildschirm Ausgaben bezüglich der Verteilung an sich zur Kenntnis genommen. Die Ausgaben, die bei einer manuellen Installation am Bildschirm zu sehen sind, werden auch bei automatisierten Installationen festgehalten, allerdings meist in einem deutlich höheren Detailierungsgrad.

Um Fehler während der Verteilung oder später nicht ordnungsgemäß funktionierende Software recherchieren zu können, muss die Verteilung protokolliert werden. Dies wird dadurch erreicht, dass eine Log-Datei während der Installation geschrieben wird, die festhält, was während der Verteilung geschieht. Hierzu werden die Ergebnisse jedes Verteilschrittes in die Log-Datei geschrieben. Dabei kann man unterscheiden zwischen Einträgen, die informativen Charakter haben, solchen, die eine Warnung ausgeben und solchen, die Fehler protokollieren.

Es folgen einige Beispiele für Log-Datei-Einträge:

Datei MUSTER.INI erfolgreich nach c:\windows\system kopiert

WARNUNG! Der Wert für %varible1% (Musterwert) entspricht nicht den Konventionen

FEHLER!! Nicht genügend freier Speicher auf Laufwerk d: -> Die Installation wird abgebrochen.

Installation erfolgreich abgeschlossen

Tabelle 3: Beispiele für Log-Datei-Einträge

Mit Hilfe dieser Informationen ist es oftmals möglich, schnell Ursachen für Verteilfehler oder -abbrüche zu finden. Aber auch wenn eine SV an sich ordnungsgemäß abläuft, mag es sein, dass sich das Computersystem oder eine Anwendung anschließend nicht so verhält, wie es gewünscht ist. Dann erlauben es gegebenenfalls die Informationsmeldungen der Log-Datei, den Fehler einzugrenzen oder zu finden.

Bezüglich der Realisierung des Loggings ist anzumerken, dass es bei Lösungen wie dem Microsoft Installer (vgl. 6.2 Verteilung mittels Paketen) bereits vollständig implementiert ist; man setzt einen Schalter für den Level (Detailierungsgrad) und übergibt einen Parameter zur Log-Datei (z.B. /l d:\LOG\install.txt). Anders ist dies beim Einsatz von Scripten (vgl. 6.1 Installation / Konfiguration mit Scripten). Hier muss der Entwickler selbst für das Logging Sorge tragen; es gibt aber für einige Scriptsprachen Bibliotheken, die dabei unterstützen.

3.3.2 Verteilaufträge

Nicht nur die eigentliche Verteilung an sich, also die per SV ausgeführte Installation oder Konfiguration sollte protokolliert werden, sondern auch die Beauftragung der SV. Beauftragung heißt in diesem Zusammenhang, wann welche Pakete auf welche Rechner mit welchen Parametern oder Werten aus der Datenbank zur Individualisierung (vgl. 3.2 Individualisierbarkeit) verteilt wurden.

Denn arbeitet eine verteilte Software nicht ordnungsgemäß, kann dies an einer nicht korrekten Verteilung im Sinne einer fehlerhaften Verteilbeauftragung liegen, obwohl das verteilbare Paket an sich fehlerfrei ist. Als Beispiel sei hier die Installation einer verteilten Software genannt, die mit einem Server kommuniziert, der namentlich über die SV-Datenbank in eine Antwortdatei eingebaut wird. Der Server ist in der Datenbank für ein bestimmtes Zielsystem falsch eingetragen; damit funktioniert die Software nicht, da sie falsch konfiguriert ist. Ein solcher Fehler kann zwar in der Regel auch anhand der Log-

Datei der eigentlichen Installation lokalisiert werden, aber eine kompakte Darstellung der Beauftragung ist übersichtlicher als eine sehr lange Log-Datei.

Ferner kann es beim Finden von Fehlern hilfreich sein, festzuhalten, von welchem Server die Quelldateien kopiert wurden (vgl. 11.2 dezentrale Images (Mehrstufige Verteilung)). Verteilungen missglücken und werden in der Regel abgebrochen, wenn die Images nicht korrekt d.h. fehlerhaft, veraltet oder unvollständig sind. Kann beispielsweise eine bestimmte Datei gemäß dem Logging nicht kopiert werden, ist es zeitsparend, den benutzten Server über das SV-System in Erfahrung bringen zu können, ohne die in Frage kommenden Server manuell zu überprüfen.

3.4 Fehlermanagement

Nicht immer findet eine Softwareverteilung ohne Fehler statt. Denn das zu installierende Softwarepaket mag auf ein Umfeld treffen, mit dem es nicht umzugehen weiß. Denkbar wäre in diesem Zusammenhang beispielsweise, dass der Festplattenspeicher zur Installation nicht ausreicht. Oder aber es gibt Abhängigkeiten zu anderen Softwarekomponenten, die nicht erfüllt sind.

Ziel des Fehlermanagements im Zusammenhang mit SV ist es, Fehler schnell zu entdecken und möglichst schnell und effizient - also ohne großen manuellen Aufwand - zu beseitigen. Rechnersysteme, die eine SV nicht erhalten konnten, sind mehr oder weniger eingeschränkt in ihrer Einsatzfähigkeit. Im Extremfall ist ein solches System bis zur Fehlerbeseitigung gar nicht mehr nutzbar. [*]

Auch wenn SV-Pakete vor einem produktiven Einsatz ausgiebig getestet werden im Hinblick auf die Ablauffähigkeit und das ordnungsgemäße Verhalten des Systems hinterher, so können nicht 100% der Fehler gefunden werden. Denn erstens sind Referenz-Geräte "sauber" und nicht händisch manipuliert und zweites können meist nicht alle Anwendungsfälle bis ins Detail überprüft werden (dies wäre nicht wirtschaftlich).

Wenn Verteilungen misslingen, so sind in einem ersten Schritt die Fehlerursachen und die Tragweite zu diagnostizieren. Massenprobleme sind in der Regel wichtiger als einzelne

---

[*] Es sei darauf hingewiesen, dass nur durch ein Testverfahren mit definierten Testfällen größere „Unfälle" vermieden werden können

Abbrüche. Produktionseinschränkungen sind meist schlimmer als fehlende Features.

Im nächsten Schritt sind Fehlerbehebungsmaßnahmen einzuleiten und zu überprüfen. Es mag notwendig sein, Benutzer über Verteilprobleme in Kenntnis zu setzen. Wann werden sie beseitigt? Gibt es eine Umgehungslösung für ein Problem?

Wenn größere Software-Rollouts bevorstehen, sollte auch eingeplant werden, möglicherweise anschließend eine Fehlerbereinigung kurzfristig verteilen zu müssen.

Um Fehler recherchieren zu können, sind aussagefähige Log-Dateien hilfreich. Von Vorteil ist es, wenn man ferngesteuert mit Hilfe eines Ferndiagnoseprogramms auf die Rechner zugreifen kann. Solche Programme reichen von textbasierten Lösungen (z.b. Telnet) bis zur Übertragung und Fernsteuerung der grafischen Konsole zum Arbeitsplatz des EDV-Mitarbeiters. Derartige Tools sind oftmals in integrierten Systems Management Lösungen enthalten.

Um mit Verteilfehlern umzugehen, bestehen folgende Alternativen, wobei grundsätzlich am Ende das erfolgreich verteilte Paket stehen muss:

3.4.1 Meldung von Verteilfehlern

Im Falle einer missglückten Verteilung wird das zuständige EDV-Personal in einer komfortablen Art hiervon in Kenntnis gesetzt.

Denkbar ist eine zentrale Datenbank, die mit Hilfe von grafischen Tools oder Tabellen schnell einen Überblick über offene bzw. fehlerhafte Installationen liefert. (vgl. 4 Inventarisierung). Oder eine Meldung wird generiert und an zentraler Stelle gesammelt.

Aufgrund dieser Meldungen sind dann die Fehler zu untersuchen und Beseitigungsmaßnahmen einzuleiten.

3.4.2 automatische Korrektur

Ausgefeilte SV-Systeme sind in der Lage, einige Verteilabbrüche selbstständig zu beseitigen, indem sie die Ursache beseitigen und die Verteilung dann wiederholen.

Ein großer Teil der Verteilabbrüche lässt sich einfach durch einen Systemneustart und einen sofortigen neuen Verteilversuch beheben.

Wie in Abschnitt 6.3 beschrieben, lässt sich durch Return- oder Error-Codes die Fehlerursache eingrenzen oder genau spezifizieren. Diese Codes lassen sich auch maschinell auswerten und nutzen, um das System einige der Ursachen selbstständig korrigieren zu lassen. Ein Beispiel hierfür mag sein, dass ein Code vom Verteilpaket zurückgegeben wird, der auf gesperrte Dateien (Dateien, auf die von anderen Anwendungen/Prozessen zugegriffen wird) hinweist. In diesem Fall mag es ausreichen, den Computer maschinell neu zu booten und einen neuen Verteilversuch zu starten.

Ein SV-System wird nie in der Lage sein, 100% der Verteilfehler selbstständig zu analysieren und zu korrigieren. Doch wenn Standardfälle automatisiert bearbeitet werden, so entlastet dies bei entsprechenden Mengengerüsten erheblich das EDV-Personal.

3.4.3 Rollback

Kann eine SV nicht vollständig und fehlerfrei ausgeführt werden, so sollte eine Wiederherstellung des alten Zustandes (=Rollback) durchgeführt werden.

Um eine Wiederherstellung im Fehlerfall zu gewährleisten muss diese Funktion in den verteilbaren Paketen implementiert werden. [9] Dies ist umso wichtiger, wenn ein Softwareprodukt aktualisiert wird. Denn es ist für den Benutzer in der Regel möglich, mit der alten Version, wenn auch nur eingeschränkt, weiterzuarbeiten. Bei einer abgebrochenen und unvollständigen Verteilung ist dies ohne Wiederherstellung des alten Zustandes nicht möglich.

Standard-Lösungen wie Pakete für den Windows Installer verfügen bereits über ein solches Feature; das EDV-Personal hat hier für Rollback-Szenarien keine Sorge zu tragen. Anders sieht dies aber bei Installationen und Konfigurationen aus, die mittels selbst erstellter Scripte ablaufen. Hier mag das Implementieren eines Rollback-Feature unverhältnismäßig sein, denn da der Fehler an jeder Stelle im Script auftreten kann, wäre konsequenterweise von jeder Stelle aus ein Rückweg zum Ausgangszustand zu definieren.

Der Rollback-Mechanismus löst nicht das Problem. Aber er vermag es bezüglich der Dringlichkeit deutlich zu entschärfen.

---

[9] [CouDolKin02] S. 40

3.5 Scheduling [*]

Der Begriff Scheduling wird in der EDV in Verbindung mit multitaskingfähigen Betriebssystemen verwendet. „Wenn Rechner multiprogrammierbar sind, konkurrieren oft mehrere Prozesse zur selben Zeit um die CPU. Diese Situation tritt immer ein, sobald zwei oder mehrere Prozesse gleichzeitig rechenbereit sind". Dann ist zu entscheiden, welcher Prozess die CPU als nächstes bekommt. Der Scheduler ist hierbei die Komponente des Betriebssystems, die diese Wahl trifft. [10]

Diese Logik lässt sich auch auf eine Client/Server-Architektur (auf die Client/Server-Architektur eines SV-Systems wird in 9.1 und 9.2 näher eingegangen) übertragen. Denn es können mehrere Clients quasi gleichzeitig eine Anfrage an den Server stellen, der dann entscheiden muss, in welcher Reihenfolge und mit welcher Priorität er die Anfragen bedient.

Hierbei sind folgende Ziele von Bedeutung: [11]

Fairness	jeder Prozess [Client] bekommt Rechenzeit [Serverdienst]
Policy Enforcement	Politiken werden sichtbar durchgeführt
Balance	alle Teile des Systems sind ausgelastet
Durchsatz	maximiere nach Jobs [bediente Client-Anfragen] pro Stunde
Turnaround-Zeit	minimiere die Zeit vom Start bis zur Beendigung
CPU-Belegung	belege die CPU [den Server] konstant mit Jobs [Client-Anfragen]

Tabelle 4: einige Ziele eines Scheduling-Algorithmus

---

[*] deutsch: Terminplanung

[10] [TanMBS02] S. 148f

[11] [TanMBS02] S. 153

Beim Einsatz einer automatischen SV ist im Hinblick auf ein effektives Scheduling Folgendes zu berücksichtigen:

- **Die Server dürfen nicht überlastet werden:**

Wenn sehr viele Arbeitsplätze (SV-Clients) auf einmal via SV installiert werden, so kann das einen Server sehr schnell an seine Grenzen bringen. Daher ist je nach Infrastruktur (tendenziell wenn wenige Server viele Clients bedienen) eine Verteilung über ein längeres Zeitfenster durchzuführen. Sollen zum Beispiel 100 Arbeitsplätze mit einer neuen Anwendung bespielt werden (die Installationsdauer sei zehn Minuten) und steht nur ein Server zur Verfügung, so könnte man durch **zeitliches Versetzen** zwanzigmal je fünf Rechner anstarten mit je mindestens zehn Minuten Differenz.

Ist eine Überlastung der Server durch zeitliches Versetzen der Verteilungen unumgänglich, so muss man, will man nicht weniger Software automatisiert verteilen, mehr oder leistungsfähigere Server aufbauen (vgl. 3.8 Skalierbarkeit).

- **Das Netzwerk darf nicht überlastet werden:**

Wenn sich zu viele Clients gleichzeitig einer SV unterziehen, besteht ein ähnliches Problem im Hinblick auf die Netzlast, vor allem, wenn das Netzwerk wenig segmentiert ist und große Installationsquellen übertragen werden müssen.

Findet eine solche SV zur regulären Arbeitszeit statt, so können Benutzer in ihrer Arbeit durch den Netz-Traffic, den die SV verursacht, stark behindert werden. Dies lässt sich bei TCP/IP-Netzen durch eine Port-Prioritsierung teilweise entschärfen. Der IP-Header beinhaltet ein Feld, welches die Priorität des IP-Paketes festlegt. Dieses ermöglicht es dem Sender, Wertigkeiten für Pakete festzulegen und zu erkennen. [12] Der SV weist man dann eine geringe Priorität zu.

- **Verteilzeiten sind zu planen:**

Oftmals wird es nicht möglich sein, zur regulären Arbeitszeit eine SV durchzuführen. Neben der möglichen Überlastung des Netzwerkes steht zu berücksichtigen, dass viele Software-Installationen mehrmals rebooten müssen, damit diese ordnungsgemäß

---

[12] vgl. [Detk98] S. 91, 92, 98, 99

abgeschlossen sind. Ein EDV-Benutzer möchte aber nicht bei seiner Arbeit in dieser Weise unterbrochen werden.

Eine SV grundsätzlich nachts ablaufen zu lassen, bringt andere Nachteile mit sich. In einigen Unternehmen laufen nachts sehr viele Batch-Jobs ab, die bereits nahezu die gesamte Rechenleistung von Servern benötigen. Was auch nicht unterschätzt werden darf, ist die Tatsache, dass die Geräte dann nachts eingeschaltet bleiben müssen, was aus Gründen des Versicherungsschutzes nicht immer unproblematisch ist. Hinzu kommt die Tatsache, dass Benutzer leicht vergessen, die Rechner an bestimmten Tagen über Nacht eingeschaltet zu lassen.

3.6 Lokale Sicherheit

Eine SV muss auch dann ausgeführt werden, wenn ein nicht privilegierter Benutzer angemeldet ist. Es darf nicht notwendig sein, dass sich der Benutzer erst abmeldet und sich ein Administrator anmeldet bevor die Verteilung abläuft. Die Komponente, die die Verteilung auf dem Zielsystem durchführt (SV-Client), muss also über hinreichende Berechtigungen verfügen. Bei aktuellen Microsoft Windows Versionen sind dies das vordefinierte Administrator- und das Systemkonto.

Unbedingt sicherzustellen ist, dass der angemeldete Benutzer in seiner Umgebung nicht von den Privilegien der SV-Maschine profitieren kann. Daher erscheint es bei Microsoft Windows (32-Bit Versionen ab NT) sinnvoll, den SV-Client als Dienst zu implementieren. Denn Dienste arbeiten auch dann, wenn kein Benutzer am System angemeldet ist. Und es ist möglich, einen Dienst dem lokalen Systemkonto zuzuweisen; so hat der SV-Client auch alle notwendigen Berechtigungen auf einem Zielsystem. [13]

3.7 Plattformunabhängigkeit

Unter Plattform sind die untersten Hardware- und Softwareschichten eines EDV-Systems zu verstehen. [14]

Viele Unternehmen setzen zwar ein recht homogenes EDV-Umfeld ein (z.B. nur Microsoft

---

[13] [BrüKra02] S. 578f

[14] [CouDolKin02] S. 50

Windows Arbeitsplätze und -Server auf Maschinen mit Intel Prozessoren), aber oftmals ist oder wird es notwendig, auch andere Plattformen zu bedienen. Denkbar ist zum Beispiel, auch Linux-, Solaris- oder Apple-Rechner in das Softwareverteilverfahren zu integrieren. Wenn ein SV-System nicht plattformunabhängig ist, kann dies ein System schnell in Frage stellen. Aus Wirtschaftlichkeitsgründen sind zwei oder mehrere parallele SV-Systeme zu vermeiden. Auch wenn der Aspekt der Plattformunabhängigkeit zur Zeit der Einführung als nicht wichtig erscheint, kann es später stark ins Gewicht fallen.

3.8 Skalierbarkeit

Skalierbare Systeme bieten die Möglichkeit, die Systemleistung stufenweise entsprechend der steigenden Arbeitslast durch weitere Prozessoren (oder Server) vergrößern zu können. Ein zentraler Großrechner muss dann nicht durch einen größeren und leistungsstärkeren ersetzt werden, was mit erheblichem finanziellem Aufwand und einer Betriebsunterbrechung einhergehen würde. Bei skalierbaren Client/Server-Lösungen können weitere Clients und Server nach Bedarf hinzugefügt werden. [15]

Ein skalierbares System "bleibt auch dann effektiv, wenn die Anzahl der Ressourcen und die Anzahl der Benutzer wesentlich steigt. Das Internet ist ein Beispiel für ein System, in dem die Anzahl der Computer und Dienste dramatisch gestiegen ist." [16]

Es sei auf einige Probleme bezüglich der Skalierbarkeit hingewiesen: [17]

Die *Kostenseite* ist stets mit zu berücksichtigen. Muss ein System erweitert werden, so muss dies zu verhältnismäßigen Kosten möglich sein. Die reine technische Möglichkeit, eine Ressource zu erweitern, ist hier nicht ausreichend.

Die *Vorausplanung* im Hinblick auf das Verhindern einer Erschöpfung von Ressourcen gestaltet sich schwierig. Denn Anforderungen an ein System weit im Voraus sicher vorherzusehen, ist nicht möglich.

Auch eine SV-Lösung muss weiter wachsen können. Denn sowohl die Anzahl der zu

---

[15] [TanNW98] S. 20
[16] [CouDolKin02] S. 38
[17] vgl. [CouDolKin02] S. 38

verteilenden Systeme kann wachsen als auch die Verteilhäufigkeit und Komplexibilität der zu verteilenden Software, was mehr Leistung auf der Serverseite erfordert.

3.9 Bandbreitenmanagement

Mit dem Begriff Bandbreitenmanagement sind hier nicht die Techniken gemeint, die eingesetzt werden, um Übertragungsstörungen zu minimieren und ein Übertragungsmedium optimal zu nutzen.

Es geht hier vielmehr darum, dass SV unter Berücksichtigung der Bandbreite geplant und durchgeführt wird. Denn die Tatsache, dass ein Rechner Kontakt zum Firmennetzwerk hat, ist nicht ausreichend, um eine SV durchzuführen. Es ist unschwer zu erkennen, dass die für eine Installation notwendige Dateiübertragung einer sehr komplexen Anwendung mit vielen und/oder sehr großen Quelldateien nicht innerhalb eines akzeptablen Zeitfensters stattfinden kann, wenn ein Gerät eine Anbindung mit geringer Bandbreite hat (z.B. per Modem von einem Heimarbeitsplatz aus).

Folgende Ansätze sind möglich:

Bandbreitenmessung: Vom SV-System wird vor der Initiierung der Verteilung überprüft, ob eine angemessene Bandbreite zur Verfügung steht. Ist dies nicht der Fall, wird die Bandbreite später wiederholt gemessen. Die SV wird erst dann gestartet, wenn eine definierte Bandbreite vorhanden ist.

Benutzerdialog: Der Benutzer wird über einen Dialog darauf aufmerksam gemacht, dass eine SV starten soll. Dieser Dialog beinhaltet die Option zum Abbrechen bzw. Verschieben der SV auf einen späteren Zeitpunkt.

Dieser Ansatz hat Schwachstellen. Denn zum einen muss der Anwender entsprechend geschult sein, um zu wissen, in welchen Situationen er die anstehende SV ablehnt und zum anderen mag der Dialog aus Versehen weggeklickt werden oder es arbeitet zu diesem Zeitpunkt niemand an dem Gerät.

Sperrung für externe IP-Adressen: Das SV-System weiß, bei welchen IP-Adressen eine ausreichende Bandbreite zur Verfügung steht. Dieser Ansatz benötigt aber ein entsprechendes DHCP-System, welches Geräten im LAN andere Adressen zuweist als solchen mit einer Fernanbindung.

Deaktivierung des SV-Clients bei geringer Bandbreite: Der SV-Client weiß durch das Vorhandensein einer DFÜ (oder anderen schmalbandigen Verbindung), dass nur eine geringe Bandbreite zur Verfügung steht und deaktiviert seine Verteilbereitschaft.

3.10 optionale Softwarekomponenten / Software On Demand

Nicht alle Softwarekomponenten werden grundsätzlich auf alle im Unternehmen befindlichen Geräte verteilt, auch nicht auf alle Geräte eines Funktionstyps (vgl. 3.2.2 Differenzierung in Funktionstypen).

Daher tut man gut, die Pakete in zwei Kategorien aufzuteilen. Auf der anderen Seite diejenigen, die standardmäßig installiert werden und auf der anderen Seite diejenigen, die optional nachinstalliert werden. So muss beispielsweise ein Security-Hotfix für das Betriebssystem auf allen Rechner installiert werden, während eine spezielle Office-Anwendung nur auf einige wenige Arbeitsplätze optional zu installieren ist.

Hier lassen sich zwei Ansätze nennen:

Man verteilt bestimmte optionale Pakete, die nur auf einigen Geräten benötigt werden, explizit. Dies ist organisatorisch leicht realisierbar, hat aber den Nachteil, dass die Software erst nachinstalliert werden muss, wenn ein Benutzer sie benötigt. Die Zeitspanne vom Bedarf der Software über die Tätigkeiten des EDV-Personals bis zur abgeschlossenen Verteilung kann hierbei zu lange sein. Dies kann aber entschärft werden, wenn man im Vorfeld weiß, welche optionalen Anwendungen auf welchen Arbeitsplätzen benötigt werden.

Alternativ verteilt man überall ein Icon der optionalen Anwendung. Wird dieses dann angeklickt, startet zuerst die Installation durch die SV bevor die Anwendung geöffnet wird. Man spricht hier von Software On Demand. Dieser Ansatz hat den Vorteil, dass ein Benutzer die Verteilung eines optionalen Paketes selbst veranlassen kann. Demgegenüber besteht der Nachteil, dass eine gewisse Bandbreite verfügbar sein muss, damit die Software in angemessener Zeit installiert werden kann.

3.11 Reparierfähigkeit

Softwareinstallationen müssen mitunter repariert werden. Dies ist zum Beispiel dann der Fall, wenn eine oder mehre Dateien ungewollt gelöscht oder nicht mehr gelesen werden können.

Einen solchen Rechner von Grund auf neu zu installieren ist deshalb unverhältnismäßig, da in der Regel viele benutzerspezifische Einstellungen gemacht wurden, die dann verloren gingen. Daher sollte darauf geachtet werden, dass Softwarepakete möglichst reinstallierbar sind. Wenn eine Installation defekt ist, so wird Sie erneut durchgeführt; man installiert dieses *eine* Paket neu. Hierbei ist denkbar, dass das Paket so verteilt wird, als sei es noch nicht installiert (hierbei werden in der Regel Konfigurationen *dieses* Softwareproduktes zurückgesetzt) oder aber es merkt, dass es bereits auf dieser Maschine vorhanden ist und repariert sich ohne an spezifischen Einstellungen etwas zu ändern.

Installationspakete für den Windows Software Installer (MSI-Pakete) haben von sich aus bereits einen "Repair-Modus". Allerdings ändert sich zum Reparieren der Aufruf des Paketes; man muss ihm quasi mitteilen, dass es eine bestehende Installation reparieren soll. Denn sonst stellt das MSI-Paket über die Windows Registrierungsdatenbank fest, dass es bereits installiert ist und tut daher nichts weiter.

Als Beispiel folgt ein Aufruf zum Installieren und zum Reinstallieren (erneut installieren / reparieren) eines Softwareproduktes mit dem Windows Installer:

Installation:

MSIEXEC.EXE /i "v:\MUSTERPRODUKT\MUSTER.MSI" /l "v:\LOG-VERZEICHNIS\MUSTERPRODUKT\CompterName.LOG" /qn ALLUSERS=2

Reinstallation:

MSIEXEC.EXE /i "v:\MUSTERPRODUKT\MUSTER.MSI" /l "v:\LOG-VERZEICHNIS\MUSTERPRODUKT\CompterName.LOG" /qn ALLUSERS=2 REINSTALL=ALL REINSTALLMODE=vamus

Bei der Verwendung von Scripten sollte im Hinblick auf die Reparierfähigkeit Sorgfalt hinsichtlich von Umfeldbedingungen geübt werden. So kann es beispielsweise sein, dass einzelne Schritte bei der wiederholten Verteilung ausgelassen werden müssen oder dass erst ein definierter Ausgangszustand wiederhergestellt werden muss. Es mag aus wirtschaftlicher Sicht unverhältnismäßig sein, alle Skripte mit der nötigen Intelligenz zum erneuten Ausführen für alle denkbaren Umfeldgegebenheiten zu versehen. Doch soll angeregt werden, die Reinstallierbarkeit nicht außer Acht zu lassen.

3.12 Lizenzmanagement [18]

Steigt die Zahl der im Unternehmen eingesetzten dezentralen Systeme, so besteht neben der eigentlichen SV die Aufgabe, Software und ihre Nutzung zu erfassen. Ziel hierbei ist es, nicht zu wenige Lizenzen zu kaufen aber auch keine ungenutzten zu bezahlen. Denn sowohl Lizenzverletzungen als auch überzählige Lizenzen sind nicht wirtschaftlich.

Als Anforderung an ein Lizenzmanagement kann eine zentralisierte aber auch flexible Verwaltung genannt werden, flexibel in dem Sinne, dass keine fixe Anzahl von Lizenzen verwaltet wird. Vielmehr empfiehlt es sich, eine im Voraus gekaufte Anzahl von Lizenzen zu kaufen, die auf jeden Fall benötigt werden. Diese werden durch eine variable Anzahl von Lizenzen komplettiert. Mit den Softwareherstellern ist zu verhandeln oder abzustimmen, ob sich die Kosten durch eine durchschnittliche Nutzung oder durch die maximale Anzahl von gleichzeitig genutzten Programmen bestimmen. Für beide Fälle ist ein System erforderlich, welches die Nutzung von Programmen überwacht. Dieses ist oftmals in den am Markt befindlichen SV-Lösungen bereits enthalten. Auf jeden Fall aber empfiehlt sich eine Schnittstelle der Systeme; nicht immer stammen die Lösungen zur SV und die zum Lizenzmanagement von einem Anbieter.

3.13 Löschen von Software

Um Lizenzkosten (und ggf. Festplattenplatz) zu sparen, sollte eine Softwareverteillösung in der Lage sein, nicht mehr benötigte Installationen zu löschen und eine freie Lizenz an das Inventar-Tool zurückzugeben.

Oder es stellt sich trotz vorangegangener Tests eine Unverträglichkeit von Programmen heraus. In einem solchen Fall ist es natürlich undenkbar, alle betroffenen Rechner von Hand zu korrigieren und eine der Anwendungen zu deinstallieren. Wenn die

---

[18] [HegAbeNeu99] S. 390

Unverträglichkeit nicht schnell durch einen Fix korrigiert werden kann, mag es notwendig sein, eines der Programme bis auf weiteres wieder zu entfernen. Alle Vorteile, die beim Installieren via SV gelten, gelten auch beim Deinstallieren via SV.

Nebenbei erwähnt sei an dieser Stelle, dass es oftmals einfacher ist, eine defekte Installation zu löschen und dann neu aufzurufen, als sie zu reparieren.

4 Inventarisierung

Um Verteilungen effizient planen und später auch übersichtlich überprüfen zu können, ist es notwendig, an zentraler Stelle alle für die SV relevanten Informationen bezüglich Hard- und Software verfügbar zu haben.

Auf die im Bestandsverzeichnis gespeicherten Informationen baut die SV auf. Eine umfassende Lösung pflegt dezentral vorgenommene Änderungen wie Auf- oder Abrüstung von Hardware oder die manuelle Installation weiterer Software im Inventarisierungssystem nach. [19]

Ein leistungsfähiges Inventarisierungssystem mit den entsprechenden Schnittstellen zum eigentlichen Verteilsystem kann die Effizienz von SV deutlich steigern, denn der relative Anteil fehlgeschlagener Installationen kann durch eine tiefgehende Analyse der Konfiguration der Zielsysteme verringert werden. [20]

Über eine Inventarabfrage lassen sich Systeme ermitteln, die bestimmte Bedingungen erfüllen. Dies ist für die Planung einer SV wichtig. Zum Beispiel mag es notwendig sein, einen Fix auf Geräten zu installieren, die eine bestimmte Netzwerkkarte und eine bestimmte Anwendung haben.

4.1 Inventarisierung der Hardware

Die relevanten Hardware-Komponenten eines Systems werden automatisch erfasst und in der SV-Datenbank abgelegt. Mittels einer Schnittstelle kann es ermöglicht werden, auf diese Daten zuzugreifen und in die automatisierte Softwareverteilung mit einfließen zu

---

[19] vgl. [HegAbeNeu99] S. 374

[20] [HegAbeNeu99] S. 380

lassen. So ist es dann beispielsweise mit SV möglich, Festplatten entsprechend zu partitionieren, gezielt Drucker einzurichten oder Treiber-Updates zu verteilen.

Ein sehr leistungsfähiges System mag sogar in der Lage sein, aufgrund von der Hardware-Bezeichnung eines PCs, hardwarespezifische Daten voll automatisch in der Datenbank zu hinterlegen und eine Erstbespielung vorzubereiten.

4.2 Inventarisierung der Software

In der SV-Datenbank werden Informationen bezüglich der auf einem Arbeitsplatz installierten Software vorgehalten. Bei Verteilungen wird der Datenbestand automatisch nachgeführt. So weiß man zu jedem Zeitpunkt, welche Software in welcher Version auf welchem Rechner mit welchen Parametern installiert ist. [21] Diese Informationen an zentraler Stelle zu haben, ist notwendig zum Ableiten und Definieren von Verteilaufträgen, denn die Software soll gezielt auf Rechner ausgebracht werden, die zum einen die Abhängigkeiten erfüllen und zum anderen diese auch konkret benötigen.

Fehlermeldungen von missglückten Verteilungen werden hier zentral gesammelt. Das EDV-Personal kann sich schnell über eine geeignete Oberfläche einen Überblick über den Verteilstatus machen. Denkbar sind in diesem Zusammenhang Masken mit roten und grünen Ampeln bei einzelnen Rechnern und auch Statistikfunktionen, die beispielsweise mittels einem Kreisdiagramm die erfolgreichen und fehlerhaften Verteilungen bildlich ins Verhältnis setzen.

Zur Inventarisierung der Software gehört natürlich auch die Datenbasis aller per automatischer SV installierbarer Softwarepakete einschließlich aller Meta-Informationen wie Name, Version, Parameter, Abhängigkeiten etc..

---

[21] [HegAbeNeu99] S. 374

5 Verteiltechniken

5.1 Push-Technik

Hier initiiert die Serverkomponente die SV. Dies ist vorteilhaft in Bezug auf die Verlässlichkeit der Terminierung von Verteilungen.

Es ist notwendig, dass das Zielgerät aktiv und für die SV erreichbar ist oder remote aktiviert werden kann. Für mobile Geräte ist diese Technik nur bedingt einsetzbar, und zwar dann, wenn organisatorisch gewährleistet wird, dass diese Geräte zur Verteilzeit am Stromnetz betrieben werden und so nicht in einen Ruhemodus wechseln oder wenn sie ferngesteuert in den Betriebszustand überführt werden können (Remote Wake-Up). [22]

5.2 Pull-Technik

Genau umgekehrt wie bei der Push-Technik geht die Initiative vom Zielgerät aus. Es fragt entweder an, ob eine neue Software für es zur Verteilung ansteht oder beauftragt selbst die Verteilung einer bestimmten Softwarekomponente. [23]

Dieser Lösungsansatz birgt andere Probleme in sich. Zu nennen ist hier die Gefahr einer möglichen Überlastung, wenn zu viele Rechner gleichzeitig anfragen und bedient werden möchten. Oder es besteht die Gefahr, dass sich ein Zielsystem längere Zeit seine Software nicht abholt, was umso kritischer ist, je sicherheitsrelevanter eine zu verteilende Software ist oder wenn Fehler korrigiert werden sollen, die die Produktion betreffen.

Auch sind Abhängigkeiten von SV-Paketen zentral definiert. So erscheint es nicht effektiv, den SV-Klienten diese selbst berücksichtigen und Software beispielsweise autonom in der richtigen Reihenfolge anfordern zu lassen.

---

[22] vgl. [HegAbeNeu99] S. 380, 385

[23] [HegAbeNeu99] S. 380

6 Softwarepakete

6.1 Installation / Konfiguration mit Scripten

Eine Möglichkeit, Software unattended zu installieren besteht darin, Scripte zur Installation oder Konfiguration einzusetzen, die alle notwendigen Information statisch oder dynamisch zur Verfügung haben, um ohne Interaktion des Benutzers abzulaufen.

Scripte eignen sich sehr gut - eine entsprechende Scriptsprache vorausgesetzt - um "einfach Zahlen, Texte, Dateien, Verzeichnisse, Computer, Netze und Programme zu manipulieren". [24]

Die Möglichkeiten der Scriptprogrammierung sind sehr weitreichend. Nahezu alles, was ein modernes Betriebssystem an Funktionen bietet, kann mittels Programmierung gesteuert, abgefragt oder konfiguriert werden.

Hier einige Beispiele für den Einsatz von Scripten: [25]

- "Gleichzeitiges Umbenennen mehrerer Dateien
- Löschen von Dateien nach bestimmten Kriterien in verschiedenen Ordnern (…)
- Anlegen von Sicherheitskopien nach bestimmten Dateieigenschaften [ermöglicht ein Rollback im Fehlerfall]
- Suchen nach Dateien oder Ordnern nach eigenen Optionen
- Anlegen, Ändern und Entfernen von Registrierungsschlüsseln
- (…)
- Auslesen der Umgebungsvariablen
- (…)
- 'Fernbedienen' von Programmen durch Senden von Tastaturanschlägen [ermöglicht eine unattended Installation von Software, die dies nicht vorsieht]
- Ausgabe von Reports über den Systemzustand, Hardwarekonfigurationen und Treiberversionen
- (…)"

---

[24] [PatSieSpa03] S. 3

[25] [BrüKra02] S. 471

Mit Scripten lassen sich auch manche Abhängigkeiten zwischen Softwarekomponenten berücksichtigen. Denn Scripte lassen sich schachteln, d.h. dass bequem aufeinander aufbauende Softwarekonfigurationen gepflegt werden können. Eine Anwendung, die zwei Patch-Pakete benötigt, kann in einem installiert werden, indem ein Script zuerst die eigentliche Abwendung und dann die beiden Patche in der richtigen Reihenfolge installiert.

Hier soll keine Empfehlung gegeben werden, welche Scriptsprache in Verbindung mit einer SV eingesetzt werden soll. Es sei aber bemerkt, dass Perl hierfür sicherlich sehr gut geeignet ist. [26]

Denn Perl wurde zwar unter Unix entwickelt, ist aber quasi auch in Windows- und Macintosh-Welten zuhause und auch unter MVS einsetzbar; das Kriterium der Plattformunabhängigkeit (vgl. 3.7   Plattformunabhängigkeit) ist also für nahezu alle praxisrelevanten Umgebungen erfüllt.

Darüber hinaus verfügt Perl über weitreichende Fähigkeiten zur Textmanipulation. Dies kommt zu gute, wenn man textbasierte Dateien (z.B. Konfigurations- oder "ini-"Dateien) oder die Windows-Registrierungs-Datenbank anpassen möchte.

Für Unternehmen, die mit reinen Windows-Umfeldern arbeiten, ist das Kriterium der Plattformunabhängigkeit sicherlich vernachlässigbar. Moderne Microsoft Windows Versionen verfügen standardmäßig über folgende Scriptsprachen: VBScript und JScript (Pendant zu JavaScript). [27]

6.2 Verteilung mittels Paketen

Für die gängigen Betriebssysteme für Arbeitsplatzrechner (Windows-Familie und LINUX) gibt es bereits Technologien, um Softwareprodukte in Pakete zu packen, um diese dann unattended installieren zu können.

Für LINUX gibt es RPM-Pakete (RPM = Red Hat® Package Manager). Auf diese soll hier nicht weiter eingegangen werden.

Computer mit 32Bit-Betriebssystemen der Microsoft Windows Familie können mittels des

---

[26] vgl. [PatSieSpa03] S. 3ff

[27] [BrüKra02] S. 472

Microsoft Windows Installer verteilt werden.

Ein Installations-Paket für den Windows Installer beinhaltet alle Informationen, die dieser benötigt, um eine Softwarekomponente zu installieren (z.b. Lizenzkey, Default-Installationsverzeichnis, Supportinformationen etc.). Diese Informationen werden in einer internen relationalen Datenbank des Paketes gehalten. Die Installationsdateien können extern gehalten oder in das Paket selbst mit eingepackt werden. [28]

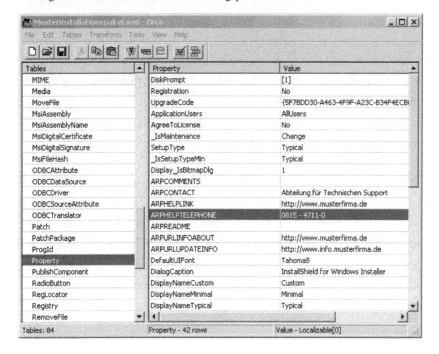

Abbildung 2: Einblick in ein MSI-Paket

Für Standartsoftware wird oftmals ein Installationspaket (MSI, RPM) angeboten. Diese können dann so übernommen oder aber - die entsprechenden Tools vorausgesetzt - an die

---

[28] [MSDIPAK]

unternehmensspezifischen Gegebenheiten und Wünsche angepasst werden.

Abbildung 2 zeigt ein solches Tool; die Datenbankeinträge lassen sich hiermit leicht ändern. Aufwendiger ist es hingegen, Dateien, die als Image in ein Paket integriert sind, zu tauschen. Hierzu ist eine reine Datenbankoberfläche über das Paket nicht ausreichend. Man benötigt Software zum Packen eines MSI-Paketes.

Mittels Paketen lässt sich nahezu alles realisieren, was in Verbindung mit Installation und Konfiguration von Software steht. Sowohl ein reines Kopieren einer Datei ist möglich als auch das tiefgehende Manipulieren des Systems durch Ändern von Systemkonfigurationen. Befehle können ähnlich wie in einem Script abgesetzt werden. Auch wenn diese Technik sehr mächtig ist, erscheint doch in einigen Fällen der Einsatz von Scripten sinnvoller bzw. unter wirtschaftlichen Aspekten verhältnismäßiger.

Im Abschnitt 7 (Installationen via Softwareverteilung) wird weiter auf die Möglichkeiten von Paketen eingegangen.

6.3 Status-Rückmeldung (Return-Code)

Softwareverteilungen müssen auf ihre korrekte und fehlerfreie Installation hin überwacht werden. Daher muss am Ende eines Installationsschrittes der aufrufenden oder überwachenden Instanz das Ergebnis der Installation mitgeteilt werden.

Hierzu werden Return-Codes eingesetzt. Das zu installierende Softwareprodukt übergibt am Ende den Status der Installation. Dieser kann dann ausgewertet werden und ggf. können hierdurch weitere Aktionen angestoßen oder abgeleitet werden.

Einige der wichtigsten Stati sind:

- Installation korrekt ausgeführt, keine weitere Aktion notwendig
- Installation korrekt ausgeführt, Reboot notwendig
- Installation kann wegen gesperrter Dateien nicht erfolgen, Reboot vor Installation notwendig
- Installation fehlerhaft

Der Status „Installation fehlerhaft" ist sehr allgemein. Für verschiedene Fehler oder Fehlerursachen können verschiedene Return-Codes zurückgegeben werden, die dann eine schnelle Fehlereingrenzung und -beseitigung ermöglichen.

Es folgt eine Tabelle mit allen Return Codes, die der Windows Installer je nach Situation zurückgibt. Microsoft nennt diese hier nicht Return Code sondern Error Code. Die Tabelle zeigt, wie vielfältig Installationsfehler sein können und dies macht die automatisierte SV zu einer anspruchsvollen Aufgabe. Solche Fehler sind durch entsprechende Planung und Steuerung oft vermeidbar; man muss hierzu potenzielle Fehler aber kennen.

Error Code	Value	Description
ERROR_SUCCESS	0	The action completed successfully
ERROR_INVALID_DATA	13	The data is invalid
ERROR_INVALID_PARAMETER	87	One of the parameters was invalid
ERROR_CALL_NOT_IMPLEMENTED	120	This value is returned when a custom action attempts to call a function that cannot be called from custom actions. The function returns the value ERROR_CALL_NOT_IMPLEMENTED. Available beginning with Windows Installer version 3.0
ERROR_APPHELP_BLOCK	1259	This error code only occurs when using Windows Installer version 2.0 and Windows XP. If Windows Installer determines a product may be incompatible with the current operating system, it displays a dialog box informing the user and asking whether to try to install anyway. This error code is returned if the user chooses not to try the installation
ERROR_INSTALL_SERVICE_FAILURE	1601	The Windows Installer service could not be accessed. Contact your support personnel to verify that the Windows Installer service is properly registered
ERROR_INSTALL_USEREXIT	1602	The user cancels installation
ERROR_INSTALL_FAILURE	1603	A fatal error occurred during installation
ERROR_INSTALL_SUSPEND	1604	Installation suspended, incomplete
ERROR_UNKNOWN_PRODUCT	1605	This action is only valid for products that are currently installed
ERROR_UNKNOWN_FEATURE	1606	The feature identifier is not registered
ERROR_UNKNOWN_COMPONENT	1607	The component identifier is not registered
ERROR_UNKNOWN_PROPERTY	1608	This is an unknown property

ERROR_INVALID_HANDLE_STATE	1609	The handle is in an invalid state
ERROR_BAD_CONFIGURATION	1610	The configuration data for this product is corrupt. Contact your support personnel
ERROR_INDEX_ABSENT	1611	The component qualifier not present
ERROR_INSTALL_SOURCE_ABSENT	1612	The installation source for this product is not available. Verify that the source exists and that you can access it
ERROR_INSTALL_PACKAGE_VERSION	1613	This installation package cannot be installed by the Windows Installer service. You must install a Windows service pack that contains a newer version of the Windows Installer service
ERROR_PRODUCT_UNINSTALLED	1614	The product is uninstalled
ERROR_BAD_QUERY_SYNTAX	1615	The SQL query syntax is invalid or unsupported
ERROR_INVALID_FIELD	1616	The record field does not exist
ERROR_INSTALL_ALREADY_RUNNING	1618	Another installation is already in progress. Complete that installation before proceeding with this install
ERROR_INSTALL_PACKAGE_OPEN_FAILED	1619	This installation package could not be opened. Verify that the package exists and is accessible, or contact the application vendor to verify that this is a valid Windows Installer package
ERROR_INSTALL_PACKAGE_INVALID	1620	This installation package could not be opened. Contact the application vendor to verify that this is a valid Windows Installer package
ERROR_INSTALL_UI_FAILURE	1621	There was an error starting the Windows Installer service user interface. Contact your support personnel
ERROR_INSTALL_LOG_FAILURE	1622	There was an error opening installation log file. Verify that the specified log file location exists and is writable
ERROR_INSTALL_LANGUAGE_UNSUPPORTED	1623	This language of this installation package is not supported by your system
ERROR_INSTALL_TRANSFORM_FAILURE	1624	There was an error applying transforms. Verify that the specified transform paths are valid
ERROR_INSTALL_PACKAGE_REJECTED	1625	This installation is forbidden by system policy. Contact your system administrator
ERROR_FUNCTION_NOT_CALLED	1626	The function could not be executed
ERROR_FUNCTION_FAILED	1627	The function failed during execution
ERROR_INVALID_TABLE	1628	An invalid or unknown table was specified
ERROR_DATATYPE_MISMATCH	1629	The data supplied is the wrong type

ERROR_UNSUPPORTED_TYPE	1630	Data of this type is not supported
ERROR_CREATE_FAILED	1631	The Windows Installer service failed to start. Contact your support personnel
ERROR_INSTALL_TEMP_UNWRIT ABLE	1632	The Temp folder is either full or inaccessible. Verify that the Temp folder exists and that you can write to it
ERROR_INSTALL_PLATFORM_UN SUPPORTED	1633	This installation package is not supported on this platform. Contact your application vendor
ERROR_INSTALL_NOTUSED	1634	Component is not used on this machine
ERROR_PATCH_PACKAGE_OPEN _FAILED	1635	This patch package could not be opened. Verify that the patch package exists and is accessible, or contact the application vendor to verify that this is a valid Windows Installer patch package
ERROR_PATCH_PACKAGE_INVAL ID	1636	This patch package could not be opened. Contact the application vendor to verify that this is a valid Windows Installer patch package
ERROR_PATCH_PACKAGE_UNSU PPORTED	1637	This patch package cannot be processed by the Windows Installer service. You must install a Windows service pack that contains a newer version of the Windows Installer service
ERROR_PRODUCT_VERSION	1638	Another version of this product is already installed. Installation of this version cannot continue. To configure or remove the existing version of this product, use Add/Remove Programs in Control Panel
ERROR_INVALID_COMMAND_LIN E	1639	Invalid command line argument. Consult the Windows Installer SDK for detailed command-line help
ERROR_INSTALL_REMOTE_DISA LLOWED	1640	Installation from a Terminal Server client session is not permitted for the current user
ERROR_SUCCESS_REBOOT_INIT IATED	1641	The installer has initiated a restart. This message is indicative of a success. This error code is not available on Windows Installer version 1.0
ERROR_PATCH_TARGET_NOT_F OUND	1642	The installer cannot install the upgrade patch because the program being upgraded may be missing or the upgrade patch updates a different version of the program. Verify that the program to be upgraded exists on your computer and that you have the correct upgrade patch
ERROR_PATCH_PACKAGE_REJE CTED	1643	The patch package is not permitted by system policy. This error code is available with Windows Installer versions 2.0
ERROR_INSTALL_TRANSFORM_R EJECTED	1644	One or more customizations are not permitted by system policy. This error code is available with Windows Installer versions 2.0
ERROR_INSTALL_REMOTE_PRO HIBITED	1645	Windows Installer does not permit installation from a Remote Desktop Connection. Available beginning with Windows Installer version 2.0 for Windows Server 2003

ERROR_PATCH_REMOVAL_UNSU PPORTED	1646	The patch package is not a removable patch package. Available beginning with Windows Installer version 3.0
ERROR_UNKNOWN_PATCH	1647	The patch is not applied to this product. Available beginning with Windows Installer version 3.0
ERROR_PATCH_NO_SEQUENCE	1648	No valid sequence could be found for the set of patches. Available beginning with Windows Installer version 3.0
ERROR_PATCH_REMOVAL_DISA LLOWED	1649	Patch removal was disallowed by policy. Available beginning with Windows Installer version 3.0
ERROR_INVALID_PATCH_XML	1650	The XML patch data is invalid. Available beginning with Windows Installer version 3.0
ERROR_PATCH_MANAGED_ADV ERTISED_PRODUCT	1651	Administrative user failed to apply patch for a per-user managed or a per-machine application that is in advertise state. Available beginning with Windows Installer version 3.0
ERROR_SUCCESS_REBOOT_RE QUIRED	3010	A restart is required to complete the install. This message is indicative of a success. This does not include installs where the Force Reboot is run. This error code is not available on Windows Installer version 1.0

Tabelle 5: Return-Codes des Windows Installers [29]

Setzt man für die Verteilung sowohl Pakete als auch Scripte ein, so empfiehlt es sich, sich auf einheitliche Return Codes zu verständigen. Setzt man zum Beispiel den Windows Software Installer und Perl als Script-Sprache ein und benötigt eine Installation oder eine Konfiguration via Script einen Reboot, so sollte sie 3010 zurückgeben (Befehl: exit(3010)). Diese Einheit zeigt zum einen Vorteile bei der Fehlersuche durch das EDV-Personal, denn dieses braucht nicht zwei Listen bereithalten, um Fehler zu verifizieren. Zum anderen zeigen sich Vorteile bei der maschinellen Auswertung der Verteilung.

6.4 Integration und Verteiltests

Bei der Implementierung von Software in eine SV sind mehrere Schritte notwendig.

Zuerst muss eine Software ausgewählt oder selbst entwickelt werden, die den betrieblichen Anforderungen genügt im Hinblick auf Leistungsumfang und Integrationsfähigkeit in das

---

[29] [MSDEC]

bestehende EDV-System.

Dann ist eine unattended Installation zu realisieren, die sich nur der Komponenten des eingesetzten SV-Systems bedient, die auch vorhanden sind (ist ein Perl-Interpreter nicht flächendeckend auf den zu verteilenden Rechnern installiert, kann eine Installations- oder Konfigurationsprozedur via Perl-Script nicht überall aufgerufen werden). Die zur Verteilung vorgesehenen Objekte sind auf Qualität zu überprüfen. Dies geschieht an einem Referenzsystem. Und zwar wird die Software ebenso installiert, wie dies später die Verteilmaschine tun wird; dasselbe Programm (z.B. Windows Installer oder Perl-Interpreter) wird mit denselben Parametern (z.B. Name des MSI-Paketes, Variablenübergabe etc.) aufgerufen. Nur wenn bei einer solchen Installation alles so verläuft, wie es erwartet wird, kann eine SV funktionieren.

Unbedingt zu berücksichtigen ist das Gesamtsystem. Gibt es Abhängigkeiten unter Softwarekomponenten? Verhält sich das integrierte System so, wie es aufgrund der Module zu erwarten ist? Bei großen und komplexen Systemen gibt es oftmals eine Vielzahl von nicht kalkulierbaren Nebenerscheinungen. [30] Diese lassen sich nur durch definierte Testszenarien finden und dann beseitigen.

Als letzter Schritt erfolgt der Einbau in die SV-Automation unter Berücksichtigung aller Abhängigkeiten der Einzelkomponenten.

Da an diesem Ablauf im Regelfall mehrere Personen beteiligt sind, ist eine entsprechende Ablauforganisation einzurichten, welche sicherstellt, dass das Endergebnis den gewünschten Qualitätsanforderungen entspricht. Denn unter Wirtschaftlichkeitsaspekten macht es keinen Sinn, Software automatisiert zu installieren, wenn die Automation viele Fehler produziert, die mit hohem Personalaufwand wieder beseitigt werden müssen.

---

[30] [HaNaBeBü97] S. 44

7 Installationen via Softwareverteilung

Dieser Abschnitt zeigt auf, welche unterschiedlichen Arten von Software mittels SV installiert werden können. Diese haben ganz individuelle Eigenheiten bzw. Unwegsamkeiten, die es zu beherrschen gilt.

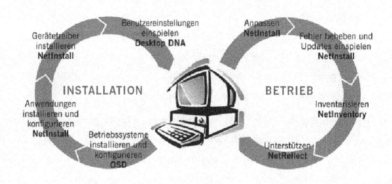

Abbildung 3: Software Lifecycle-Phasen: Installation und Betrieb [31]

7.1 Betriebssystem

Ein Betriebssystem auf einem Rechner zu installieren gehört zu den anspruchsvollsten Aufgaben, die eine SV leisten kann. Denn die Basis für die SV ist noch nicht vorhanden, weder Betriebssystem mit Netzwerkanbindung noch andere notwendige Systemsoftware ist installiert.

Natürlich ist es möglich, das Betriebssystem manuell oder mittels eines Imageverfahrens manuell zu installieren, um die dann folgenden Installationen mittels der SV vorzunehmen. Diese Vorgehensweise mag unter Umständen in der Tat wirtschaftlich sein. Es soll hier aber schematisch aufgezeigt werden, wie ein Betriebssystem über eine SV auf einen

---

[31] [NetInstall57] S. 3

Computer gelangen kann. Anbieter von modernen Betriebssystemen stellen hierfür ein Feature zur Verfügung, für welches sich der Terminus Remote-Installation durchgesetzt hat.

Da der Rechner kein Betriebssystem hat, muss er mit einem hierfür geeigneten und konfigurierten Boot-Medium gestartet werden. Dies kann eine bootfähige Netzwerkkarte sein oder ein Bootmedium wie Diskette, CDROM, USB-Stick etc. mit einem Minimal-Betriebssystem, das alle notwendigen Softwarekomponenten mitbringt, um eine Verteilung starten zu können. Diese sind ein Betriebssystem-Kern, eine konfigurierte Netzwerkanbindung und die Software, die die Verteilung durchführt.

Um eine Remote-Installation zu ermöglichen, ist es wie unter Punkt 3.1 gezeigt wurde, notwendig, der Installation alle Antworten auf die Fragen, die während einer interaktiven Installation aufkommen, mitzugeben. Dies geschieht mit einer Antwortdatei, die in einer bestimmten Syntax die benötigten Antworten bereithält. Die Installation kann dann unattended ablaufen. [32]

Zum Erstellen einer Antwortdatei stehen in der Regel Tools oder umfassende Dokumentationen zur Verfügung.

Es sei aber angemerkt, dass oftmals nicht alle Parameter in eine Antwortdatei eingepackt werden können. Als Beispiel sei hier die Partitionierung der Festplatte(n) bei der unattended Installation von Windows erwähnt. Sollten wichtige Eigenschaften nicht mit den vom Hersteller mitgelieferten Mitteln definiert werden können, bleibt nur der Weg der Anpassung mit eigenen Mitteln oder Lösungen von Drittanbietern. Es sei an dieser Stelle auf ein Internet-Projekt aufmerksam gemacht: http://unattended.sourceforge.net/ (letzter Zugriff 18.08.2004). Hier werden Lösungen zur Installation von Windows aufgezeigt, die über die Standardfeatures von Microsoft deutlich hinausgehen. [33]

---

[32] [BrüKra02] S. 85

[33] vgl. [HotVio04] S. 188-192

7.2 Gerätetreiber

Eine ebenfalls anspruchsvolle Aufgabe ist es, während der Erstinstallation eines Betriebssystems alle notwendigen und aktuellen Gerätetreiber zu verteilen. Denn die Entwicklungen im Hardwarebereich sind bekanntermaßen rasant. Und Plug-and-Play-Features stoßen dann schnell an die Grenzen. Wie wird also ein Treiber, der neuer ist (und der so auch tatsächlich wegen wichtiger Features oder korrigierter Fehler benötigt wird) als der in das Betriebssystem eingepackte, verteilt? Oder wie wird eine neue Art von Gerät installiert, die das zu installierende Betriebssystem noch gar nicht kennt?

Für Windows-Installationen kann man hierfür die Quell-Dateien des Hardwareherstellers in ein definiertes Unterverzeichnis der Windows-Quelle kopieren. Windows kann diese dann bei der Installation ansprechen und die Hardwaretreiber installieren, allerdings ist eine entsprechende Antwortdatei zu erzeugen oder eine bestehende zu erweitern. Folgend soll dies exemplarisch kurz skizziert werden:

```
OemPnPDriversPath="\drivers\TREIBER1;\drivers\TREIBER2;"
[Display]
BitsPerPel=$BPEL
Xresolution=$HRES
Yresolution=$VRES
Vrefresh=60
```

Der Vollständigkeit sei erwähnt, dass bei Microsoft Windows zweimal Hardware installiert wird. Die absolut notwendigen Treiber wie Festplatten-Controller, Tastatur und Maus in einem frühen Schritt (bei manueller Installation ohne grafische Oberfläche) und später zusätzliche Hardware wie Netzwerk- oder Soundkarte (bei manueller Installation ist die GUI von Windows dann bereits verfügbar).

Darüber hinaus bestehen bei Windows Unterschiede bei den Treibern. Es gibt solche, die von Windows über eine Informationsdatei integriert werden können (mit Dateiendung "inf") und solche, die installiert werden ähnlich wie eine Anwendung. Oben wird eine Lösung für die erstgenannten gezeigt. Folgend ein Beispiel für einen zu installierenden Treiber (es ist unter Umständen nicht möglich, mit der Installation zu warten bis Windows installiert ist um diese dann separat zu verteilen, da sie zur Betriebsfähigkeit des Systems notwendig sein mögen):

```
"C:\drivers\TREIBER11\Setup /s -sms"      /s: silent
```

`"C:\drivers\TREIBER12\Q312370 /q"`   /q: quiet

Wie man erkennen kann, müssen diese Treiber auch unattended (oder "still") installiert werden können. Will man derartige Treiber während der Installation von Windows einbinden, so geschieht dies über Befehlszeilen-Kommandos, die in die Antwortdatei eingebaut werden.

7.3 Anwendungen

Für Anwendungen stehen oftmals bereits unattended Installationen zur Verfügung, die dann in die eigene SV eingebaut werden können. Will man Standardsoftware für Windows-Maschinen (z.B. MS-Office, IBM/Lotus-Notes) automatisiert verteilen, so bieten die Softwarehäuser meist eine MSI-Datei für den Windows Installer an, die man mit den notwendigen Parametern aufruft und sich dann ohne Interaktion des Benutzers installiert.

Oder die ausführbare Installationsdatei (z.B. setup.exe) ist in der Lage, Parameter zu empfangen, die eine unattended Installation ermöglichen. Ggf. ist dafür zu sorgen, dass eine Antwortdatei zum Zeitpunkt des Aufrufs zur Verfügung steht.

Oftmals müssen die Aufrufparameter vom Hersteller explizit erfragt oder über Online-Dokumentationen "erforscht" werden. Ferner findet im Internet ein Informationsaustausch in dieser Sache statt: „Auf der Website des [unter 7.1 genannten] Projekts haben die Entwickler die Optionen vieler bekannter Applikationen zusammengetragen; hier sind auch die Standardkommandos für Pakete dokumentiert, die mit dem Microsoft Installer (MSI) oder InstallShield erstellt wurden." [34]

Stößt man auf ein Softwareprodukt, das sich nicht unattended installieren lassen will, so gibt es diverse Anbieter von Lösungen, die eine manuelle Installation genau protokollieren oder den Systemzustand nach der Installation mit dem nach der Installation auf einem Referenzsystem vergleichen und dann Input für eine MSI-Datei bilden [35] oder die alle Mausklicks und Tastatureingaben festhalten und in ein Script einbauen, welches später bei der automatisierten Verteilung diese simuliert.

---

[34] [HotVio04] S. 192

[35] [HegAbeNeu99] S. 379f

7.4 Updates und Fehlerkorrekturen

Updaten und Fehlerkorrekturen sind recht ähnlich hinsichtlich ihrer Installation und somit auch ihrer automatisierten Verteilung. Updates beinhalten möglicherweise auch Fehlerkorrekturen; aber auch Funktionserweiterungen oder Änderungen im Erscheinungsbild sind in Updates im Gegensatz zu reinen Fehlerkorrekturen (in der Fachsprache auch Patch oder Fix genannt) enthalten.

Beide Softwarekategorien haben eines gemeinsam: eine *vorhandene* Software soll aktualisiert werden.

Alles, was in diesem Abschnitt zu Updates beschrieben wird, gilt auch für reine Fehlerkorrekturen.

Soll Software aktualisiert werden, so gibt es zwei Ansätze. Man kann ein Update installieren; dies beinhaltet nur die Unterschiede (Erweiterungen, Fehlerkorrekturen, Konfigurationsänderungen etc.). Oder man deinstalliert die Software und verteilt sie in der neuen Version. Beide Vorgehensweisen zeichnen sich durch spezifische Vor- und Nachteile aus.

Verfolgt man den ersten Ansatz und verteilt zum Updaten einer Software nur ein sogenanntes Delta-Paket, so geschieht dies mit einem einzigen Verteilschritt. Als Vorteil ist also der Aspekt der kürzeren Verteildauer zu nennen. Andererseits sind aber zwei Verteilpakete zu erstellen, will man im Falle einer Neuverteilung eines Systems nicht die "Urversion" mit allen zugehörigen Delta-Paketen der Software verteilen. Dann kehrt sich der Vorteil der schnelleren Verteilung bei Updates in den Nachteil der langsameren und fehleranfälligeren Verteilung bei Neuinstallationen um.

Als weiterer Vorteil von gezielten Updates gegenüber dem Deinstallieren und Neuverteilen ist der Erhalt von spezifischen Einstellungen zu nennen. Will man eine Software deinstallieren und anschließend in der gewünschten neueren Version installieren, muss man sich gegebenenfalls selbst um das Sichern und Rücksichern von nach der Erstverteilung getätigten Einstellungen kümmern. Ein sehr anschauliches Beispiel hierfür ist der IBM/Lotus Domino-Server. Eine Installation kann hier schnell hunderte von geänderten Dateien aufweisen, die im Zuge einer Migration (Übergang zwischen Alt- und Neusystem) auf eine höhere Version unter keinen Umständen gelöscht werden dürfen. Im

Gegenteil, Elemente aus Datenbankschablonen müssen gezielt an die neue Version angepasst werden, was nicht möglich ist, wenn man diese auf Dateiebene sichert und nach der Neuinstallation zurücksichert.

Es kann gewünscht sein, eine Software auf einem sauberen und definierten Zustand zu bringen und manuelle Änderungen durch die Benutzer wieder zurückzusetzen. In diesem Fall kann es zielführend sein, Software für Updates gezielt zu deinstallieren und dann in der neueren Version zu installieren.

7.5 Individuelle Einstellungen und Anpassungen

Softwareinstallationen sind meist an das IT-Umfeld eines Unternehmens anzupassen. Eine reine Installation eines CAD-Systems auf einem Computer ist in der Regel nicht ausreichend. Auch spezielle Konfigurationen der Hardware, von Schnittstellen etc. sind durchzuführen oder Bibliotheken mögen eingebunden werden müssen.

Auch dies lässt sich bei entsprechender Einheitlichkeit via SV automatisieren. So wäre es in obigem Beispiel möglich, die Konfiguration mittels eines Scripts durchzuführen (vgl. 6.1). Dieses Script läuft dann immer im Anschluss an die eigentliche Installation der CAD-Software. Die komplette Verteilung der Anwendung besteht in diesem Fall aus zwei Schritten.

Auch wenn technisch die Möglichkeit besteht, die unattended Installation eines Software-Herstellers an eigene Wünsche anzupassen, ist abzuwägen, ob es nicht weniger Aufwand generiert, diese so zu belassen wie der Hersteller sie anbietet und ein eigenes Anpassungs-Modul anzuknüpfen. Zu denken ist in diesem Zusammenhang auch an die Supportleistung des Anbieters; geänderte Installationspakete "befreien" gerne Softwarehäuser von Ihrer Verantwortung; ein Customizing ist aber immer möglich und Anpassungen, die durch eine SV ausgeführt werden, werden als solches akzeptiert.

8 Ebenen der Verteilsteuerung

In diesem Abschnitt sollen die Ansätze zur Steuerung der SV genannt und Vor- und Nachteile gegeneinander abgewogen werden. Steuerung der SV bedeutet in diesem Zusammenhang, dass man genau diejenigen Softwarepakete auf Rechner verteilt, die auch verteilt werden sollen und dieses unter Berücksichtigung von vorhandenen Abhängigkeiten.

8.1 atomare Verteilung

Bei der atomaren Verteilung verteilt man explizit jedes gewünschte verteilfähige Paket auf den Zielsystemen. Jedes notwendige verteilfähige Paket (z.b. MSI oder Perl-Script) wird hierbei den Systemen zugewiesen und verteilt.

Ein Bespiel:

Die Anwendung A wird in die SV integriert. Kurze Zeit später wird bemerkt, dass immer dieselben Konfigurationsänderungen dieser Anwendung manuell durchgeführt werden. Also wird ein Konfigurationspaket für diese Anwendung gebaut, das sich via SV verteilen lässt. Wieder etwas später gibt der Hersteller ein Fix-Paket für diese Anwendung frei, das einige kleinere Fehler korrigiert. Wird nun ein Rechner mit der Anwendung A neu verteilt, so müssen diesem unter anderem alle drei Pakete zugewiesen werden und es ist Sorge zu tragen, dass diese in der gültigen Reihenfolge installiert werden.

Eine solche Verteilsteuerung in reiner Form ist kaum praktikabel. Denn einem neu zu verteilenden Rechner werden in der Regel zahlreiche Pakete zugewiesen und daher sind Tools notwendig, die den Administrator unterstützen im Hinblick auf die Reihenfolge und die Berücksichtigung von Abhängigkeiten.

Andererseits bietet dieser Ansatz die höchste Flexibilität. Daher ist anzustreben, auch einzelne atomare Produkte verteilen zu können,

8.2 Verteilung auf Produkt-Ebene

Hier ist es nun möglich, verteilbare Pakete einer "Produkt-Familie" zuzuordnen. Dies automatisiert bereits einen Teil der Abhängigkeiten, die zwischen einzelnen Produkten bestehen mögen.

Das Beispiel aus dem vorhergehenden Abschnitt soll wieder aufgegriffen werden. Es stehen also drei atomare Pakete zur Verteilung. Diese werden unter einem logischen Softwareprodukt zusammengefasst. Die folgende Tabelle zeigt, wie dies in der SC-Datenbank abgebildet wird. Die Versionierung des logischen Softwareproduktes ist sinnvoll, will man Delta-Verteilungen (Updates) steuern ohne auf die atomare Ebene zu schauen (in einem Versionssprung können auch viele atomare Pakete hinzukommen; über die Produktversion können diese leicht "errechnet" werden).

logisches Produkt	Produktversion	Aufbau aus atomaren Paketen
Anwendung A	V01.00.00	Anwendung-A
	V01.00.01	Anwendung-A Anwendung-A-Konfig
	V01.01.00	Anwendung-A Anwendung-A-Konfig Anwendung-A-Fix
	V02.00.00	Anwendung-A-neu Anwendung-A-Konfig

Tabelle 6: Aufbau einer Anwendung aus atomaren Paketen

Will man diesen Ansatz konsequent verfolgen, so sind zwei Funktionen des Paketes Anwendung-A-neu notwendig (dies mag bedeuten, dass zwei ähnliche atomare Pakete gebaut werden müssen), eines zur Neuverteilung des Produktes und eines zum Updaten.

8.3 Verteilung auf Release-Ebene [36]

Es besteht auch die Möglichkeit, atomare Pakete zu einem Release zusammen zu schnüren.[*] Beauftragt wird dann nicht explizit die Verteilung der Pakete, sondern von Releases. Dabei können Varianten existieren, z.B. nach Funktionstypen (vgl. 3.2.2

---

[36] vgl. P. Eifeld, K. Schaal, A. Schekelmann in [Sie03] S. 253-258

[*] Der Begriff Release wird normalerweise in Verbindung mit Software, die an Kunden ausgeliefert wird, gebraucht. In dieser Abhandlung wird er als Ansammlung definierter Softwarestände betrachtet, gleichgültig ob es für interne oder externe Kunde geschnürt wird.

Differenzierung in Funktionstypen).

Release haben Versionen. Sie definieren ferner genau die zu verteilenden Pakete und alle Abhängigkeiten. Denn innerhalb der Releases werden die Pakete in einer definierten Reihenfolge installiert und es wird bei der Aktualisierung von optionalen Softwareprodukten auf die Vorgängerversion überprüft. Und die Rechner haben einen definierten Softwarestand, da Release einen definierten Inhalt haben.

Bei Verteilung auf Release-Ebene gibt es pro Variante zwei Wege: die Verteilung des Gesamt-Releases oder der Update vom Vorgänger-Release *.

Ein neues Release beinhaltet in der Regel Fehlerkorrekturen, neue Anwendungen oder Updates mit neuen Features von Anwendungen.

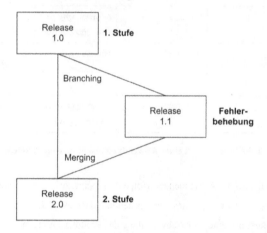

Abbildung 4: Release-Fortschreibung: Branching und Merging [37]

Die Release-Pakete sind dabei so zu definieren, dass ein System mit der Release-Version x.y immer gleich verteilt ist, egal ob es mit dem neuesten Release direkt verteilt wurde,

---

* Es ist möglich, aber zeit- und ressourcenaufwendig und fehleranfällig, ein "Ur-Release" zu bauen und alle folgenden Release als Update zu definieren und aneinanderzureihen.

[37] [Sie03] S. 257

oder ob es früher bespielt und seitdem immer aktualisiert wurde. Nur so ist gewährleistet, dass ein Release-Stand verlässliche Informationen über die Software eines Rechners liefert. Und dies ist notwendig um ihn weiter mittels Release-Verteilungen definiert und fehlerfrei weiter updaten zu können.

Als zusammenfassendes Beispiel zeigt folgende Tabelle ein Release für zwei Funktionstypen:

	Release x.y	Update-Release x.y
Funktionstyp 1	• Betriebssystem 1 • Middleware-Paket 1 • Middleware-Paket 2 • CAD-Anwendung • Office-Anwendung 1 • Office-Anwendung 2 • Groupware-Anwendung • Security-Paket 1	• Middleware-Paket 1-Update • Office-Anwendung 2-Update • Security-Paket 1
Funktionstyp 2	• Betriebssystem 1 • Middleware-Paket 1 • Middleware-Paket 3 • Lager-Anwendung • Office-Anwendung 2 • Security-Paket 2	• Middleware-Paket 1-Update • Middleware-Paket 3-Update • Security-Paket 2

Tabelle 7: Beispiel-Release der Version x.y

9 beteiligte Softwarekomponenten

"Eine Komponente erbringt eine bestimmte, abgegrenzte Dienstleistung, und sie ist eine sinnvolle Entwicklungs- und Liefereinheit der Software-Entwicklung". [38]

Wie bereits erwähnt ist eine automatische SV eine verteilte Anwendung. Diese wird mittels dem Client/Server-Modell realisiert. Dies "bedeutet, dass es ein oder mehrere Systeme im Netz gibt, die Funktionen und Dienstleistungen bereitstellen (Server) und alle anderen (Clients) diese nutzen können." [39]

---

[38] [Sie03] S.100

[39] [Kau02] S. 44

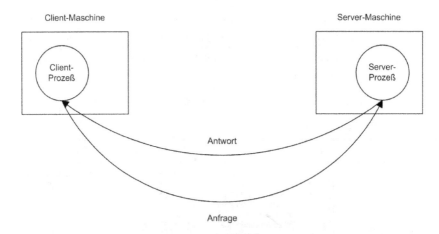

Client-Maschine   Server-Maschine

Client-
Prozeß

Server-
Prozeß

Antwort

Anfrage

Abbildung 5: Client/Server-Modell [40]

Die Dienstoperationen in Client/Server-Modell werden in vier Klassen unterteilt:

Dienstoperation	Beschreibung
Anfrage (Request)	Eine Einheit fordert beim Dienst an, eine bestimmte Aufgabe auszuführen
Anzeige (Indication)	Eine Einheit muss über ein Ereignis informiert werden
Antwort (Response)	Eine Einheit antwortet auf ein Ereignis
Bestätigung (Confirm)	Antwort auf eine frühere Anfrage (annehmen oder ablehnen)

Tabelle 8: Dienstoperationen im Client/Server-Modell [41]

Bei SV-Lösungen gibt es in der Regel mehrere kommunizierende Client/Server-Maschinen und -Prozesse.

Absolut notwendige Grundbausteine sind zum einen der Client, der die Verteilungen auf

---

[40] [TanNW98] S. 20
[41] [TanNW98] S. 42

den Endgeräten durchführt und der Server, der diese anstößt, bedient und überwacht. Darüber hinaus werden auch ein System zur Verwaltung und eine Oberfläche zur Bedienung benötigt.

9.1 Server-Komponenten

Die Server-Komponenten sind zentraler Bestandteil des SV-Systems.

Folgende Aufgaben entstehen auf der Server-Seite im Zuge einer Verteilung (diese können sich mehrere spezialisierten Server-Prozesse auf physikalisch unterschiedliche Maschinen teilen):

- Anstoßen einer Verteilung nach definierten Regeln
- Übergabe der notwenigen Informationen zu Verteilung (ausführendes Programm (z.B. MSIEXEC.EXE, PERL.EXE, CSRIPT.EXE), Installations-Parameter (z.B. Name des Scripts, Installationsverzeichnis, Ort und Name der Log-Datei))
- Imagebereitstellung (Image = Quelldatei(en)) bei nicht lokaler Imagehaltung
- Entgegennehmen (und optional auswerten) des Return-Codes und ggf. der Log-Datei. Weitere Aktionen in Abhängigkeit von diesem (z.B. Einleiten eines Systemneustarts)

Darüber hinaus fallen weitere Aufgaben an. Diese sind:

- Verwaltung der verteilbaren Softwarepakete
- Verwaltung der Inventarisierung
- Sammeln von Log-Dateien
- optional bei intelligenten Systemen die Fehlerbehandlung bei missglückten Installationsversuchen
- Zur Verfügung stellen der SV-Daten an die Bedienoberfläche

Anhand dieser Aufgaben wird deutlich, dass in aller Regel auch eine Datenbank zu einem SV-System gehört, sobald es über eine Minimal-Lösung hinausgeht. Diese kann fester Bestandteil des Systems sein oder man nutzt ein externes Datenbankmanagementsystem.

9.2 Client-Komponente

Der Client auf dem zu verteilenden Gerät ist im Gegenzug zuständig für:

- Entgegennehmen von Verteilaufträgen

- Entgegennehmen der notwendigen Verteilinformationen

- Laden der Quelldatei(en) von einem lokalen oder entfernten Medium

- Aufruf des auszuführenden Programms mit den übergebenen Parametern

- Entgegennehmen des Return-Codes vom auszuführenden Programm und Weitergabe von diesem und ggf. der Log-Dateien an die zuständige Server-Instanz

Anmerkung:

Diese gezeigte Aufteilung genau wie aufgezeigt zu implementieren ist nicht immer notwendig. Aufgaben können auch anders zugeteilt werden. Es ist beispielsweise möglich, die Intelligenz zur Auswertung von Rückgabewerten oder für Fehlerbehandlungen im Client zu implementieren. Dies erscheint aber nur in Ergänzung sinnvoll. So ist es möglich, den SV-Client auswerten zu lassen, wann ein Reboot notwendig ist, die Return-Codes, die eine fehlerhafte Installation melden, aber die Server-Instanzen auswerten zu lassen.

9.3 Verwaltungssystem und Bedienoberfläche

Die Aufgaben des oder der Verteilserver und -Clients müssen geplant, gesteuert und kontrolliert werden.

Zu dem Verwaltungssystem gehört die Datenbank, die die Daten für die Rechner und die Pakete vorhält. Ferner können hier auch Historien und die Log-Dateien (oder der Weg zu diesen) gespeichert werden.

Um ein SV-System effizient betreiben zu können, ist eine komfortable und übersichtliche Bedienoberfläche notwendig. Die Bedienung eines EDV-Systems wird ganz wesentlich von der Gestaltung der Benutzeroberfläche bestimmt. "Eine gute Bedienbarkeit bedeutet, dass der Betreiber die vom Werkzeug angebotenen Funktionen effizient, d.h. einfach, schnell und sicher, in Anspruch nehmen kann. Hier gewinnen die (…) Weboberflächen immer stärker an Bedeutung." [42]

Die Bedienoberfläche dient als Schnittstelle zwischen dem Verwaltungssystem und dem

---

[42] [HegAbeNeu] S. 400

Benutzer. Alle Aufgaben, die das EDV-Personal in Verbindung mit dem Verwaltungssystem durchführt, müssen durch eine entsprechende Bedienoberfläche unterstützt werden.

Zum Bauen eines verteilfähigen Softwarepaketes stehen in der Regel keine einheitlichen Oberflächen zu Verfügung. Will man beispielsweise ein Paket für den Windows Installer (MSI) bereitstellen, so benötigt man oftmals ein entsprechendes Entwicklungssystem mit eigener Oberfläche, denn dies ist nicht immer Bestandteil eines SV-Systems und muss separat eingeführt werden. Am Markt gibt es zahlreiche Anbieter solcher Lösungen z.b. InstallShield® Developer.

Die zu verteilenden Rechnersysteme müssen natürlich in der zugehörigen Datenbank angelegt und gepflegt werden. Auch sind die verteilbaren Module oder Softwarekomponenten entsprechend in das System einzupflegen. Selbsterklärende Dialoge und übersichtliche Darstellungen erleichtern diese Aufgabe erheblich.

Mittels der Oberfläche des SV-Systems können Verteilungen zugewiesen bzw. geplant werden. Ein Dialog ermöglicht es dem EDV-Personal hierbei, Rechnersysteme zu ermitteln, die eine bestimmte Verteilung erhalten sollen. Weitere Parameter sind dann beispielsweise die Verteilzeit, die Reihenfolge bei mehreren Komponenten, eine Abfrage einer Abhängigkeit oder die Versorgung durch die Installationsquellen. Bei einer kleinen Fehlerkorrektur kann es möglich sein, alle Rechner von zentraler Seite aus zu versorgen, bei großen Programmen muss erst eine Image-Vorversorgung stattfinden (vgl. 11 Software-Images).

Ein weiterer wesentlicher Bestandteil der Oberfläche dient dazu, das Inventar übersichtlich darzustellen. Wie viele Rechner haben alle erforderlichen Verteilungen? Wie viele sind in einem fehlerhaften Zustand? Wie teilt sich die Abbruchursache auf? Hier wird also die Verteilstatistik grafisch und übersichtlich aufbereitet.

Natürlich sollte es mit der Oberfläche auch möglich sein, im Fehlerfall Recherchen anzustellen. Wie, d.h. mit welchen Parametern, wurde eine Verteilung gestartet? Welchen Return-Code gab die Verteilung zurück? Was sagen die Log-Dateien? Alle relevanten Informationen sollten hier verfügbar sein.

10 Netzstruktur

Für eine SV wird man kein Netzwerk aufbauen; man wird vielmehr das bestehende Netzwerk nutzen, wobei gegebenenfalls einige Anpassungen vorzunehmen sind. Hier soll daher nicht explizit erarbeitet werden, wie ein Netzwerk aufzubauen ist. Aber die spezifischen Eigenschaften oder Erweiterungen, die notwendig sind, um eine SV zu betreiben, werden folgend kurz skizziert.

Soll auch ein Betriebssystem per SV innerhalb eines IP-Netzes installiert werden (vgl. 7.1 Betriebssystem), so ist ein DHCP-Server notwendig, der den Rechnern eine IP-Adresse zuweist, will man nicht das Bootmedium individuell mit einer festen Adresse für jeden Rechner herstellen. [*]

Bei Einsatz des Internet-Protokolls ist zu gewährleisten, dass sich SV-Client und -Server im Netzwerk "verstehen". Standardlösungen übernehmen diese Aufgabe meist automatisch. Damit sich mehrere Prozesse einer Maschine mit unterschiedlichen Prozessen anderer Maschinen wirkungsvoll verständigen können, gibt es im TCP Ports. Anwendungen, die das TCP nutzen, weist man einen Port zu. Über die IP-Adresse und die Portnummer (zusammen bilden sie den Socket) findet dann die Kommunikation zwischen Prozessen oder Anwendungen statt. Auch das SV-System benötigt einen Port zur Kommunikation zwischen den Verteil-Clients und den -Servern.

Dienst	Port	Erklärung
telnet	23	Telnet
Smtp	25	Simple Mail Transfer
www-http	80	World Wide Web / HTTP

Tabelle 9: Beispiele einiger Portnummern [43]

---

[*] es sei hier der Vollständigkeit wegen darauf hingewiesen, dass technisch auch mehrere Konfigurationen (mit festen IP-Adressen) auf einem Bootmedium vorgehalten werden können, die dann abhängig vom Computernamen angezogen werden

[43] [BrüKraLar02] S. 192f

10.1 Netzsicherheit

Der modulare Aufbau von SV-Systemen (Client/Server) und ihre Offenheit bringen eine potenzielle Gefährdung durch externe und interne Angreifer mit sich. Denn im Zuge einer SV werden Daten übertragen. Und diese können sicherheitsrelevant sein. Eine Installation einer Office-Anwendung ist hierbei unkritisch. Aber die Übertragung eines Datenbestandes für die Personalabteilung oder mit Kundeninformationen muss zum einen abhörsicher sein und zum anderen darf sie nicht verfälscht werden.

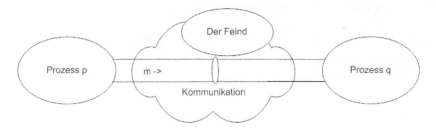

Abbildung 6: abgehörte Übertragung [44]

"Sicherheit für ein verteiltes System kann erzielt werden, indem die Prozesse und die für ihre Interaktion genutzten Kanäle gesichert werden (…)" [45]

Dies kann man durch folgende Techniken erreichen: [46]

Kryptografie und gemeinsame Geheimnisse:

Die an der Nachrichtenübertragung beteiligten Partner wissen, dass eine Nachricht von einem Partner kommt, wenn der Sender ein gemeinsames Geheimnis kennt und mitsendet. Natürlich ist sicherzustellen, dass kein Feind das Geheimnis erfährt.

"Kryptografie ist die Wissenschaft, Nachrichten sicher zu halten, und die Verschlüsselung

---

[44] [HegAbeNeu99] S. 81
[45] [HegAbeNeu99] S. 81
[46] [HegAbeNeu99] S. 83f

ist der Prozess, eine Nachricht so umzuwandeln, dass ihr Inhalt verborgen wird. Die moderne Kryptografie basiert auf Verschlüsselungsalgorithmen, die geheime Schlüssel verwenden (...)"

Authentifizierung:

Die Identität der Sender wird überprüft. "Die grundlegende Authentifizierungstechnik ist, einen verschlüsselten Teil in eine Nachricht aufzunehmen, der genügend von dem Inhalt der Nachricht enthält, um ihre Authentizität zu garantieren. [Ein SV-Client darf nicht von jedem beliebigen SV-Server beauftragt werden. Er darf nur solche Aufträge ausführen, die von Servern initiiert werden, die vertrauenswürdig sind.]"

Sichere Kanäle:

"Ein sicherer Kanal ist ein Kommunikationskanal, der ein Paar von Prozessen verbindet, die beide im Auftrag eines Prinzipals handeln (...). Jeder der Prozesse kennt zuverlässig die Identität des Prinzipals, für den der andere Prozess ausgeführt wird. Kommunizieren also ein Client und ein Server über einen sicheren Kanal, kennt der Server die Identität des Prinzipals hinter den Aufrufen und kann ihre Zugriffsrechte überprüfen, bevor er die entsprechenden Operationen ausführt."

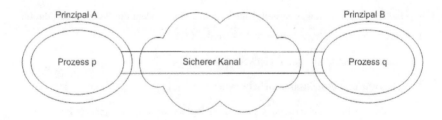

Abbildung 7: sicherer Kanal

10.2 SV in LANs

LANs übertragen Informationen mit hoher Geschwindigkeit zwischen Computern, die mittels eines einzigen Kommunikationsmediums verbunden sind (z.B. verdrilltes Kupferkabel). LANs setzen sich aus Segmenten zusammen, d.h. aus Abschnitten, innerhalb derer kein Routing erforderlich ist, da die Computer eine direkte Verbindung über das Medium haben. Die Segmente wiederum werden mittels Netzwerkkomponenten (Hubs oder Switches) miteinander verbunden. In LANs ist die Gesamtbandbreite hoch und die Latenz * gering, vorausgesetzt der Datenverkehr ist nicht ausgesprochen hoch. [47]

Ist die Anzahl der zu verteilenden Rechner überschaubar, mag eine zentrale Image-Lösung ausreichen. Ist sie allerdings hoch, mag es doch notwendig sein, eine dezentrale Image-Struktur aufzubauen (vgl. 11.1 zentrale Images und 11.2 dezentrale Images (Mehrstufige Verteilung)). Denn sehr viele gleichzeitig aktive SV-Klienten können einen Server und auch ein Netzwerk überlasten.

10.3 SV in WANs

WANs zeichnen sich durch geringere Übertragungsgeschwindigkeiten zwischen Knoten aus, zwischen denen in der Regel größere Distanzen liegen. Router verbinden diese Knoten, verwalten das Kommunikationsnetzwerk und leiten Nachrichten weiter.[48]

Da für Softwareverteilungen in der Regel größere Datenmengen übertragen werden müssen, ist bei Netzwerken mit WAN-Strecken wegen der geringen Bandbreite eine Versorgung mit den Image-Quell-Dateien zu planen. Der Einsatz von dezentralen Image-Servern erscheint hier unumgänglich (vgl. 11.2 dezentrale Images (Mehrstufige Verteilung)).

Gerade in größeren Unternehmen sind verschieden Lokationen mit Software zu versorgen.

Auch wenn die verschiedenen Standorte über eine sehr hohe Bandbreite verbunden sind, ist dies kein hinreichendes Kriterium für das Ausreichen einer zentralen Lösung.

---

* Latenz ist die Verzögerung, die auftritt, bis Daten nach einer Sende-Operation am Ziel zur Verfügung stehen

[47] [CouDolKin02] S. 94

[48] [CouDolKin02] S. 94

11 Software-Images *

Die Software, die verteilt werden soll, muss natürlich vorgehalten werden. Die Dateien, die für eine manuelle Installation notwendig sind (z.b. ein Installationsverzeichnis auf einer CDROM), werden auch in Verbindung mit einer automatischen Softwareverteilung benötigt. Hier sind drei Ansätze bezüglich der Speicherung der Images in reiner oder gemischter Form möglich. Die Installations-Images können zentral, dezentral (auf mehreren Servern) oder lokal zur Verfügung stehen.

11.1 zentrale Images

Alle zur Verteilung notwendigen Images liegen auf einem einzigen (ggf. geclusterten) Server auf ausfallsicheren Laufwerken.

Abbildung 8 zeigt eine mögliche Lösung für ein reines LAN. Ein zentraler Server hält hier alle notwendigen Images vor. Ist ein Rechner mit Software zu verteilen, so dient dieser Server quasi als Quellaufwerk (die Inventardatenbank muss nicht zwingend auf dem Imageserver liegen). Alle zu verteilenden Maschinen erhalten Ihre Verteildateien von einem einzigen Server.

---

* in diesem Zusammenhang ist ein Image die Gesamtheit der für die Installation eines Softwareproduktes notwendigen Dateien. Der Begriff Images wird in der Fachsprache auch verwendet, wenn ganze Systeme gesichert werden, um sie dann auf andere Rechner zurückzusichern und anzupassen um so schnell Rechner zu installieren. Diese zweite Bedeutung ist hier nicht relevant.

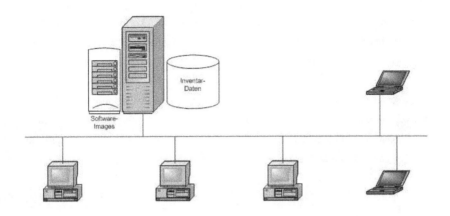

Abbildung 8: Zentrale Imageversorgung

Zentrale Imagehaltung hat den Vorteil, dass es nur einen Bestand gibt; es muss nur ein Server bezüglich der Images gepflegt werden.

Demgegenüber besteht der Nachteil, dass ein Engpass entsteht, sollen viele Computersysteme verteilt werden.

Anmerkung:

Ausfallsicherheit kann auch hier erreicht werden, wenn der Server z.b. durch eine Cluster-Lösung realisiert wird.

11.2 dezentrale Images (Mehrstufige Verteilung)

Dezentrale Imageversorgung wird vor allem in großen Netzen mit Strecken mit geringer Bandbreite oder einer großen Anzahl zu verteilender Systeme, also in Unternehmen mit einer Vielzahl von über mehrere Standorte verteilten Zielsystemen, eingesetzt. Abbildung 10 zeigt einen Fall, in dem dezentrale Server mit Images vorversorgt werden (z.B. mit CDROM/DVD oder über Leitung zu Zeiten mit wenig Netztraffic).

Umfangreiche Images können hierzu auf transportablen Datenträgern gespeichert werden.

Diese werden dann vorab zu den dezentralen Depots gesendet. Entweder man macht diese Datenträger dann dort verfügbar, indem man die CD einlegt oder auf die Festplatte kopiert oder man steuert und überwacht die dezentralen Imageserver. Im letztgenannten Fall muss das Inventarisierungssystem (vgl. 4 Inventarisierung) auch Informationen über die Imageserver und deren Imagestände bereithalten. Denn zum Zeitpunkt einer Verteilung auf Clients müssen alle notwendigen Image-Verteilungen auf die Software-Depots bereits erfolgreich stattgefunden haben; ein Image darf nicht von einem Depot angefordert werden, das die Quell-Dateien (noch nicht) vorhält.

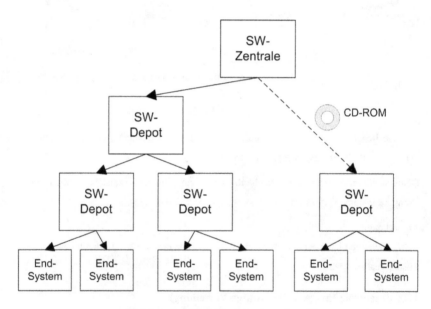

Abbildung 9: mehrstufige Imageverteilung [49]

Bei einer mehrstufigen Imageverteilung ist sicherzustellen, dass es eine Zuordnung der Depots gibt; welcher oder welche Server in einer höheren Stufe versorgen welche Server in

---

[49] [HegAbeNeu99] S. 381

einer tieferen Stufe. Diese Zuordnung kann durch eine explizite Zuordnung geschehen oder das Netzwerk unterstützt die Aufgabe der Imageverteilung, indem ein Server in einem Subnet die Images erhält und an andere in demselben Subnet selbstständig weiterverteilt. Eine störungsfreie Image-Verteilung bis in die unteren Ebenen ist nicht selbstverständlich. Leistungsfähige Kontrollmechanismen sind hier sehr wichtig.

Zur Verteilzeit bei Systemen mit dezentralen Images beauftragt und überwacht der zentrale SV-Server die Verteilung; als Image-Quelle dienen aber auch die dezentralen Imageserver bzw. Software-Depots. Oder die Beauftragung und Rückmeldung gehen den gleichen Weg wie die Verteilung der Depots.

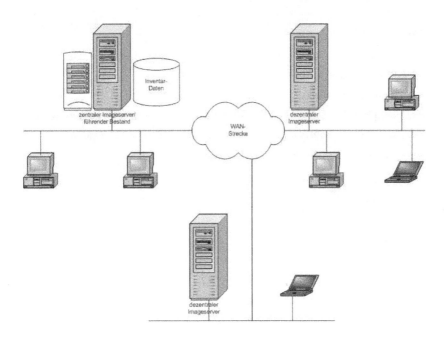

Abbildung 10: Dezentrale Imageversorgung

Ferner ist sicherzustellen, dass eine korrekte Zuordnung der End-Systeme zu den Servern stattfindet. Denn als Imageserver darf nur ein solcher zum Zuge kommen, der zum einen die benötigten Images vorhält und zum anderen eine angemessene Bandbreite zu den Klienten hat. Im Falle von mehreren Imageservern in einem Subnet (z.b. 200 Arbeitsplätze und drei Server in der Unternehmenszentrale) ist außerdem dafür Sorge zu tragen, dass sich die Auslastung möglichst gleichmäßig verteilt.

11.3 lokale Imagehaltung

Lokale Datenhaltung spielt in der Praxis in Verbindung mit Softwareverteilung kaum eine Rolle. Denkbar ist aber, dass Systeme beauftragt werden, sich Software über einen reservierten Teil der Festplatte oder eine eingelegte Image-CDROM zu installieren oder defekte Installationen zu reparieren.

Ferner mag bei einer zentralen oder dezentralen Imagehaltung dennoch in Ausnahmesituationen die Notwendigkeit entstehen, die Images lokal zu halten oder vor der Installation auf ein lokales Medium zu kopieren. Zu nennen sind hier beispielsweise Situationen in denen ein Rechner während der Verteilung kurzfristig keine Netzverbindung hat, also offline ist. Soll zum Beispiel die komplette Netzwerkkonfiguration via SV neu vorgenommen werden, könnte eine SV in folgenden Schritten ablaufen:

1. Beauftragung der SV
2. Kopieren aller notwendigen Images auf ein lokales Medium
3. Ausführung der Installation (im Offline-Status)
4. Rückmeldung der SV
5. Löschen der lokalen Image-Kopien

Anmerkung:

Auch Image-Server selbst können mittels einer SV aktualisiert werden. So ist es dann möglich, dass sich die Server selbst mit den Installationsimages versorgen. Auch wenn das Image also auf der gleichen Maschine gehalten wird, auf der es installiert wird, spricht man in diesem Falle nicht von lokaler Imagehaltung. Denn das Client/Server-Konzept ist gegeben, nur befinden sich Client- und Server-Komponente auf demselben Computersystem.

12 Kritische Würdigung

Systems Management Systeme haben die Aufgabe, eine größere Anzahl von EDV-Systemen verwalten zu können. Eine automatisierte SV im Speziellen befreit Personal von zeitraubenden sich wiederholenden Aufgaben. Bei Konzepten, die Mengengerüste und spezielle Umfeldbedingungen berücksichtigen, können große Vorteile gegenüber dem manuellen Versorgen mit Software erreicht werden.

Wie jede Automation erzeugt auch eine SV einen anfänglichen Aufwand, der sich in Investitionskosten und notwendiger guter Planung widerspiegelt. Dieser Aufwand lohnt sich umso stärker, je mehr Systeme, je mehr Softwarekomponenten und je öfter diese zu verteilen sind. Eine Minimallösung ist in der Regel schon bei sehr wenigen Systemen wirtschaftlich vorteilhaft.

Mit komplexen und mächtigen SV-Lösungen können sehr viele Rechner mit wenig Personal verteilt werden. So verteilt eine Rechenzentrale für Genossenschaftsbanken (FIDUCIA IT AG) mit ca. 20 Mitarbeitern in der Prozesskette 60.000 Computersysteme der Kunden mit zahlreichen und sich oft aktualisierenden Komponenten mit einem minimalen Aufwand für die Banken; Support und Fehlerkorrektur bei missglückten Verteilungen sind hierbei inbegriffen.

Auch wenn es viele sehr leistungsstarke SV-Systeme und unterstützende Tools gibt, ist eine automatisierte SV weit mehr als ein automatisches Kopieren über ein Netzwerk. Will man alle möglichen Automationsmöglichkeiten ausschöpfen, so bedarf dies einer sehr guten Planung und einem breiten und tiefen Wissen, das auf dem aktuellen Stand zu halten ist.

13 Zusammenfassung

Eine automatisierte Softwareverteilung bringt bei einer gewissen Anzahl von zu verteilenden Rechnersystemen wirtschaftliche und andere Vorteile.

An eine Softwareverteilung können zahlreiche Anforderungen gestellt werden, damit diese effektiv und effizient genutzt werden kann. Zu nennen ist hier beispielsweise die Installation ohne Benutzerinteraktion. Eine automatisierte Verteilung darf in der Regel nicht von Benutzeraktivitäten abhängig sein. Verteilte Software ist auf den verschiedenen Rechnern oftmals unterschiedlich zu konfigurieren; die Systeme werden also individuell verteilt. Eine weitere Anforderung besteht in der Nachvollziehbarkeit von Softwareverteilungen. Hierbei ist die Protokollierung eines Verteilschrittes und der Verteilbeauftragung zu unterscheiden. Im Falle von Verteilfehlern muss mit diesen umgegangen werden. Mehrere Ansätze, die sich ergänzen können, sind in diesem Zusammenhang möglich. Durch Scheduling ist es möglich, Verteilaufträge zeitlich zu steuern, um Überlastungen oder Störungen des Benutzers zu vermeiden. Die Lokale Sicherheit ist wichtig, damit ein Benutzer nicht von den Privilegien des SV-Systems unberechtigterweise profitieren kann. Die Plattformunabhängigkeit ist in Umfeldern wichtig, in denen mehrere Betriebssysteme oder unterschiedliche Hardwaretypen eingesetzt und mit einer SV erreicht werden sollen. Wie an jedes EDV-System, das "wachsen" kann, ist auch an eine Softwareverteilung die Anforderung der Skalierbarkeit zu stellen. Da im Zuge von Installationen oftmals große beziehungsweise viele Quelldateien über das Netz kopiert werden müssen, ist ein Bandbreitenmanagement notwendig, wenn Rechner auch über schmalbandige Verbindungen mit dem Softwareverteilsystem verbunden sein können (z.B. über Modem bei einem mobilen Arbeitsplatz). Es entsteht mitunter die Notwendigkeit, Installationen zu reparieren; auch dieses kann mittels eines Softwareverteilsystems geschehen, wenn es implementiert wird. Als letzte mögliche Anforderung an eine Softwareverteilung ist ein Lizenzmanagement mit der Möglichkeit der automatisierten Löschung von Software zu nennen.

Eine Inventarisierung von Hard- und Software ermöglicht einen schnellen Überblick von installierter Hardware und verteilten Softwarekomponenten. Und sie ermöglicht eine effiziente Planung von weiteren Verteilungen.

Man unterscheidet Verteilungen nach dem Push- und dem Pull-Prinzip. Unterscheidungsmerkmal ist die initiierende Stelle der Verteilungen: beim Push-Verfahren geht die Initiative von der Serverkomponente, beim Pull-Verfahren hingegen vom Zielgerät aus.

Um Software automatisiert zu installieren, kann man zum einen Scripte, zum anderen so genannte Software-Packages (z.B. MSI-Pakete) einsetzen. Beide haben spezielle Vorteile, so dass oftmals beide Techniken nebeneinander eingesetzt werden. Return-Codes geben

Auskunft, ob eine Verteilung erfolgreich abgeschlossen werden konnte oder geben Hinweise auf die Fehlerursache. Zu verteilende Pakete durchlaufen definierte Teststufen und sind auch im Hinblick auf ein installiertes Gesamtsystem zu überprüfen.

Mittels einer automatisierten Softwareverteilung lassen sich alle Phasen eines Software-Lifecycle abdecken: Betriebssysteme, Gerätetreiber, Anwendungen, Updates und Fehlerkorrekturen und individuelle Anpassungen lassen sich automatisiert verteilen.

Die Verteilsteuerung kann auf atomarer Ebene stattfinden. Alternativ lassen sich Softwareverteilungen auf Produktebene steuern. Bei vielen Abhängigkeiten unter verteilbaren Modulen und einer hohen Verteildichte ist auch eine Steuerung auf Release-Ebene denkbar.

Zu einem Softwareverteilsystem gehören verschiede Komponenten: Verteilserver (für die Beauftragung und die Images) und Verteil-Client, ein Verwaltungssystem mit der Datenbasis und eine Bedienoberfläche.

Im Hinblick auf die Netzstruktur ist in angemessener Weise auf die Übertragungssicherheit zu achten. Ferner sind an eine Verteilung innerhalb eines WANs andere Ansprüche zu stellen als an eine innerhalb eines LANs.

Images, also die Quelldateien, können zentral, dezentral, lokal oder in Mischform vorgehalten werden. Eine dezentrale Verteilung gestattet hierbei eine mehrstufige Verteilung.

IV. Literaturverzeichnis

Bücher:

[BrüKra02]   Uwe Bünning, Jörg Krause: "Windows XP Professional -
                    Grundlagen und Strategien für den Einsatz am Arbeitsplatz und im
                    Netzwerk", 2. überarbeitete Auflage, Carl Hanser Verlag München
                    Wien, 2002

[BrüKraLar02]   Uwe Bünning, Jörg Krause, Dirk Larisch: "Windows 2000 im
                    Netzwerkeinsatz", 2. überarbeitete Auflage, Carl Hanser Verlag
                    München Wien, 2002

[CouDolKin02]   G. Coulouris, J. Dollimore, T. Kindberg: "Verteilte Systeme,
                    Konzepte und Design", 3. Auflage, Addison-Wesley, 2002

[Detk98]   Kai-Oliver Detken: "ATM in TCP/IP-Netzen: Grundlagen und
                    Migration zu High Speed Networks", Hüthig Verlag, Heidelberg,
                    1998

[HaNaBeBü97]   Haberfellner, Nagel, Becker, Büchel, von Massow: "System
                    Engineering - Methodik und Praxis", 9. Auflage, Verlag Industrielle
                    Organisation, Zürich, 1997

[HegAbeNeu99]   H.-G. Hegering, S. Abeck, B. Neumair: "Integriertes Management
                    vernetzter Systeme", dpunkt-Verlag Heidelberg, 1999

[Kau02]   Franz-Joachim Kauffels: "Lokale Netze", 14., aktualisierte und
                    erweiterte Auflage, mitp-Verlag, Bonn 2002

[PatSieSpa03]   Nathan Patwardhan; Ellen Siewer & Stephen Spainhour: "Perl in a
                    nutshell", Deutsche Ausgabe der 2. Auflage, O'Reilly, 2003

[Rie01]   Riemann, Walter O.: "Wirtschaftsinformatik, Anwendungsorientierte
                    Einführung", 3. Auflage, R.Oldenbourg Verlag München Wien,
                    2001

[RoReDo99]   Lutz von Rosenstiel, Erika Regnet, Michel E. Domsch: "Führung
                    von Mitarbeitern - Handbuch für erfolgreiches
                    Personalmanagement", 4. Auflage, Schäffer-Poeschel Verlag
                    Stuttgart, 1999

[Sie03]   Johannes Siedersleben: "Softwaretechnik - Praxiswissen für
                    Softwareingenieure", 2., überarbeitete und aktualisierte Auflage,
                    Carl Hanser Verlag München Wien, 2003

[TanMBS02]   Tanenbaum, Andrew S.: "Moderne Betriebssysteme", 2. über-
                  arbeitete Auflage, Pearson Studium, München 2002

[TanNW98]   Tanenbaum, Andrew S.: "Computernetzwerke", 3. revidierte
                  Auflage, Prentice Hall, 1998

Aufsätze:

[BITKOM04]   BITKOM: "Leitfaden zum Thema 'Information Lifecycle
                  Management'", April 2004

[HotVio04]   Harald Hothan, Kasten Violka "Rollout freihändig - Windows
                  vollautomatisch via Netzwerk installieren" in der Zeitschrift c't,
                  Ausgabe 17/2004, S. 188-192

Online-Quellen:

[INNEO]:

http://www.inneo.de/frameset.htm?loadurl=/it/sw/sw_vert.htm%3FsCurrentNavigation%3
Dit%257Csw%257CSoftwareverteilung&sCurrentNavigation=it%7Csw%7CSoftwareverte
ilung , letzter Zugriff 29.07.2004

[NetInstall57]:

Internetbroschüre zu NetInstall 5.7,
http://www.netinstall.de/download/PDFs/PDF_download_pool/NetInstall57_Management.
pdf , letzter Zugriff 22.07.04

[MSDIPAK]

Microsoft Developer Network,
http://msdn.microsoft.com/library/default.asp?url=/library/en-
us/msi/setup/installation_package.asp , letzter Zugriff 09.08.2004

[MSDEC]

Microsoft Developer Network,
http://msdn.microsoft.com/library/default.asp?url=/library/en-
us/msi/setup/error_codes.asp, letzter Zugriff 11.08.2004

Anhang A: Marktübersicht von Softwareverteillösungen

Marktübersicht: Softwareverteilung

Hersteller	Produktname
Aagon Consulting	ACK 3.0
Attris	Deployment Solution
Arosoft Network	OMA 6.0
Audis Software	Audis
Attachmate	Holovizard 5.0
Baramundi Software	Enterprise Mana. Suite
Beottix Technology	Boot Manager Adm.
FSC/Sun	FSC Install Admin
Inosoft	Inosoft Gen Tekfn
Jentro	Jentro Pilot
Landesk Software	Mana. Suite V 6.62
Lanovation	Prism Deploy
Matrix 42	Empirium Pro
Natopia	Halosapiens
Netsupport	Net Install
Novadigm	Radia 3.0
Novell	Zenw. f. Desktops 4
	Zenw. f. Handhelds 5
	Zenworks for Server 3
OnDemand Software	Win Install
On Technology	On Command CCM
Phoenix Techn.	Imagecast
Power Quest	Deploy Center 5.x
Snow Software	Distribution
Soft Service	Instalax V 1.2
Symantec	Symantec Ghost 7.5
Symbol Techn.	Spectrum Sol WHA3
St. Bernard	Update Expert
The SCO Group	Volution Manager
Vector Networks	Enroll 22
Völkker Informatik	Network Wizard 7.4

Abbildung 11: Marktübersicht Softwareverteilugslösungen [50]

---

[50] LANline 2/2003, http://www.industrienet.de/konradincms/images/AWI/pdf/lan_0203_092.pdf , letzter Zugriff 29.07.2004

Anhang B: Beispiel einer Antwortdatei zur unattended Installation

Folgende exemplarische Datei wurde mit dem Dienstprogramm zur Antwortdateierzeugung **setupmgr.exe** von Microsoft Windows 2000® erstellt:

```
;SetupMgrTag
[Data]
    AutoPartition=1
    MsDosInitiated="0"
    UnattendedInstall="Yes"

[Unattended]
    UnattendMode=FullUnattended
    OemSkipEula=Yes
    OemPreinstall=No
    TargetPath=\WINNT

[GuiUnattended]
    AdminPassword=kennw0rt
    OEMSkipRegional=1
    TimeZone=110
    OemSkipWelcome=1

[UserData]
    FullName="Heinz Mustermann"
    OrgName="Mustermänner GmbH & Co. KG"
    ComputerName=Muster-PC

[Display]
    BitsPerPel=24
    Xresolution=1024
    YResolution=768
    Vrefresh=72

[TapiLocation]
    CountryCode=49
    Dialing=Tone
    AreaCode=07223

[Identification]
    JoinWorkgroup=ARBEITSGRUPPE

[Networking]
    InstallDefaultComponents=Yes
```